Haftungsausschluss:
Die Ratschläge im Buch sind sorgfältig erwogen und geprüft. Alle Angaben in diesem Buch erfolgen ohne jegliche Gewährleistung oder Garantie seitens des Autors und des Verlags. Die Umsetzung erfolgt ausdrücklich auf eigenes Risiko. Eine Haftung des Autors bzw. des Verlags und seiner Beauftragten für Personen-, Sach- und Vermögensschäden oder sonstige Schäden, die durch die Nutzung oder Nichtnutzung der Informationen bzw. durch die Nutzung fehlerhafter und/oder unvollständiger Informationen verursacht wurden, sind ausgeschlossen. Verlag und Autor übernehmen keine Haftung für die Aktualität, Richtigkeit und Vollständigkeit der Inhalte ebenso nicht für Druckfehler. Es kann keine juristische Verantwortung sowie Haftung in irgendeiner Form für fehlerhafte Angaben und daraus entstehende Folgen von Verlag bzw. Autor übernommen werden.

Sollte diese Publikation Links auf Webseiten Dritter enthalten, so übernehmen wir für deren Inhalte keine Haftung, da wir uns diese nicht zu eigen machen, sondern lediglich auf deren Stand zum Zeitpunkt der Erstveröffentlichung verweisen.

Bibliografische Informationen der Deutschen Nationalbibliothek

Die Deutsche Nationalbibliothek verzeichnet diese Publikation in der Deutschen Nationalbibliografie; detaillierte bibliografische Daten sind im Internet über http://dnb.dnb.de abrufbar.

1. Auflage
© 2022 by Remote Verlag, ein Imprint der Remote Life LLC, Oakland Park, US
Alle Rechte vorbehalten. Vervielfältigung, auch auszugsweise, nur mit schriftlicher Genehmigung des Verlages.

Redaktion: Jérôme Helmke
Lektorat: Annika Gutermuth
Korrektorat: Markus Czeslik
Umschlaggestaltung: Zarka Ghaffar
Satz und Layout: Zarka Ghaffar

ISBN Print: ISBN Print: 978-1-955655-56-9
ISBN E-Book: 978-1-955655-57-6
www.remote-verlag.de

Romina Kraft

FINANZIELLE UNABHÄNGIGKEIT

Wie jeder Persönlichkeitstyp
finanzielle Freiheit erreichen kann.

Für
meine Familie

Über die Autorin

Romina Kraft, geb. 1982, verheiratet, zwei Söhne. Diplom-Volkswirtin, zertifizierter Coach, Visionscoach, langjährige Führungskraft in einer Großbank sowie zertifizierte Blockchain-Expertin und Investorin. Im Jahr 2021 gründete sie ihre eigene Firma, das Kraft Coaching Center, das sich damit beschäftigt, Menschen ihren Weg zu Wohlstand und Reichtum aufzuzeigen. Schon früh hat sie sich mit der Frage beschäftigt: «Warum entscheiden und handeln wir, wie wir es tun?» und hierbei viele verschiedene Persönlichkeitstypologien kennengelernt. Diese Fragestellung ist insbesondere vor dem Hintergrund interessant, warum Menschen keine guten Finanzentscheidungen treffen. Romina ist dieser Frage auf den Grund gegangen. Das Enneagramm bietet für sie einen großen Schatz, in dem wir uns alle erkennen können.

© Romina Kraft
www.rominakraft.de

Inhalt

	Prolog	09
01	Das Enneagramm und unser Charakter	13
02	Den eigenen Enneagrammtyp bestimmen	38
03	Was ist eigentlich Wohlstand?	53
04	Der Wohlstand der ACHT	72
05	Der Wohlstand der NEUN	83
06	Der Wohlstand der EINS	94
07	Der Wohlstand der ZWEI	104
08	Der Wohlstand der DREI	116
09	Der Wohlstand der VIER	127
10	Der Wohlstand der FÜNF	137

11	Der Wohlstand der SECHS	148
12	Der Wohlstand der SIEBEN	159
13	Fahrt aufnehmen – bleiben Sie am Ball	171
14	Next level	187
15	Fünf Gründe	193
16	Enneagramm-Typentest	195
17	Talente entdecken	214
18	Danksagung	222
	Literaturnachweis	225
	Endnoten	226
	Abbildungsverzeichnis	227

Prolog

Zu welchen Menschen gehören Sie? Fliegt Ihnen finanzieller Erfolg zu, oder scheint es zumindest für andere so? Wird alles, was sie anpacken, zu Gold? Vielleicht passt für Sie sogar der berühmte Ausspruch: «Vom Tellerwäscher zum Millionär»? Nein? Grämen Sie sich nicht: Nur ein kleiner Teil der Bevölkerung ist wohlhabend, und Sie haben mit dem Kauf dieses Buchs einen ersten Schritt in diese Richtung getan.

Vielleicht gehören Sie eher zu den Menschen, die sich sehr anstrengen, finanzielle Sicherheit zu erlangen. Geld hat für Sie immer etwas mit harter Arbeit, besser als die anderen sein und mit Leistung zu tun. Sie sorgen sich, dass Sie Ihr ganzes Leben schuften, um sich irgendwann in den wohlverdienten Ruhestand zu begeben. Tragischerweise können viele die so hart erarbeitete Zeit nicht mehr genießen. Das ist sicherlich nicht die Zukunft, von der Sie träumen. Haben Sie das Gefühl, mit Geld wäre Ihr Leben viel leichter, oder haben Sie im Unterbewusstsein sogar ein wenig Angst davor, viel Geld zu besitzen? Schließlich hören wir doch immer wieder von den «glücklichen» Lottogewinnern. Sie erzählen, dass sie, die scheinbar so großes Glück hatten, alles verlieren und das Geld nicht halten konnten. Verbittert sagen sie, dass sie ohne den großen Gewinn besser dran gewesen wären. Oft haben diese Menschen nicht nur das Geld, sondern auch ihre Freunde verloren.

Aber wie baut man einen vernünftigen und nachhaltigen Wohlstand auf? Einen, der Sie nicht an den Rand des Zusammenbruchs führt und Ihnen nicht das Gefühl gibt, ständig ein Leben mit Handbremse und auf totaler Sparflamme zu führen?

Mich haben die unterschiedlichen Lebenswege meiner Kunden berührt und gleichermaßen fasziniert. Natürlich bewegen wir uns in einem gesellschaftlichen System und sind einer Vielzahl von Einflussfaktoren ausgesetzt. Nichtsdestotrotz oder besser gesagt genau deshalb wollte ich verstehen, wie die Persönlichkeitsmerkmale, die jeder in sich trägt, den Weg zu Wohlstand und Reichtum ebnen oder ihn eher beschwerlicher gestalten. Welchen Persönlichkeitstypen fällt es leichter, vermögend zu werden und zu bleiben? Welchen Herausforderungen sehen sich die einzelnen gegenüber? Inwieweit können wir Einfluss darauf nehmen? Was sind unsere inneren Antreiber, die uns durch das Leben begleiten und auch unser Verständnis von Geld und Wohlstand formen? Und zu guter Letzt: Warum sind so wenige Menschen vermögend?

In diesem Buch finden Sie Antworten auf diese und noch viele weitere Fragen rund um Entscheidungsfindung, Konsum, Investition und Wohlstand. Lesen Sie dieses Buch mit wachem Verstand und offenem Herzen, und ich verspreche Ihnen, dass Sie sich selbst und Ihren Umgang mit Geld besser verstehen werden.

In der Psychologie und Persönlichkeitsentwicklung gibt es eine Vielzahl von Persönlichkeitsmodellen, die alle ihre Vorzüge haben. Wie alle Typisierungsmodelle wird auch das Enneagramm dafür kritisiert, dass es nur eine vereinfachte Sicht auf die verschiedenen Persönlichkeiten und die Einflussfaktoren bietet. Als Persönlichkeitsmodell habe ich mich, trotz dieser Kritik, für das Enneagramm entschieden, da es – wie ich finde – wie kein anderes Modell die inneren, ja sogar unbewussten Beweggründe für Entscheidungen berücksichtigt. Darüber hinaus bietet das Enneagramm, ausgehend von neun Charaktertypen, weitere Differenzierungen in «Flügeltypen» und «Energielevel». Der signifikanteste Unterschied zu anderen Persönlichkeitsmodellen liegt aber darin, dass nicht nur das Verhalten betrachtet, sondern viel tiefer hinter die Fassade eines jeden Menschen geblickt wird. Es ermöglicht uns, die wahren Motivationen herauszufinden und damit Wege zu Wachstum und Veränderung aufzuzeigen. Dieser Unterschied hört sich für Sie vielleicht nicht groß an, aber lassen Sie mich die Relevanz an einem Beispiel verdeutlichen:

Verhaltensorientierter Ansatz
Ihr Ziel ist es, Ihre Ausgaben zu reduzieren.
Verhaltensorientierte Lösung: Nicht mehr in Restaurants essen gehen, sondern zu Hause kochen.
Ergebnis: Gefühl von Verlust und Einschränkung. Die Verhaltensänderung wird meist nur Wochen oder wenige Monate durchgehalten. Sie knicken ein und fühlen sich schuldig, es (wieder) nicht geschafft zu haben.

Motivationsorientierter Ansatz
Ihr Ziel ist es, Ihre Ausgaben zu reduzieren.
Motivationsorientierte Lösung: Klären der Frage, was gibt es Ihnen, ins Restaurant zu gehen? Welche Gefühle sind damit verbunden? Mit welchen weniger kostenintensiven Alternativen können Sie diese Gefühle auch erzeugen?
Ergebnis: Sie verstehen, warum Sie ins Restaurant gehen und erkennen Ihre Motivation dahinter. Da Sie nun wissen, worum es Ihnen eigentlich dabei geht, können Sie sich nach Alternativen umschauen. Beispielsweise könnten Sie, wenn Sie mit dem täglichen Kochen zeitlich zu sehr unter Druck geraten, einen Kochplan aufstellen, bei dem Sie nur alle zwei Tage kochen. Im Ergebnis werden Sie Ihr Verhalten nachhaltig ändern können, da Sie die mit dem Restaurantbesuch verbundenen Gefühle auch anderweitig erzeugen können.
Wie Sie sehen, bietet ein Veränderungsprozess auf Basis eines motivationsorientierten Ansatzes eine deutlich größere Chance, die Veränderungen längerfristig und mit besseren Gefühlen umzusetzen. Da uns unsere eigene Motivation aber oft gar nicht wirklich bewusst und eher ein blinder Fleck ist, braucht es eine Beschäftigung mit der Grundidee des Enneagramms, um den eigenen Typ zu erkennen. Sollten Sie sich in keinem der Typen wiederfinden oder das Gefühl haben, es kommen mehrere infrage, können Sie einen Typisierungstest durchführen oder aber in einem Enneagramm-Coaching den richtigen Typ erkennen.

Am Ende dieses Buches haben Sie die Möglichkeit, Ihren Typ mit einem Selbsttest zu erkunden. Bitte lesen Sie jedoch zuerst die Kapitel 1 und 2 zum Enneagramm. Die Wahrscheinlichkeit, dass Sie Ihren Typ danach mit Hilfe des Selbsttests finden, ist deutlich höher, als wenn Sie ohne Vorwissen mit dem Test starten. Wenn Sie die beiden ersten Kapitel gelesen und dann vielleicht schon eine Idee haben, welcher Typ oder welche zwei oder drei Typen Sie sein könnten, machen Sie gern den Test. Wenn wir uns selbst besser kennen, also unser Selbstbewusstsein entwickeln, können wir alle unseren Weg zu finanzieller Freiheit und Wohlstand finden.

Entdecken Sie mit mir Ihren persönlichen Weg zu Wohlstand. Steigern Sie Ihr Selbstbewusstsein und werden Sie im wahrsten Sinne des Wortes sich Ihrer selbst bewusst. Ich wünsche Ihnen viel Spaß und viele Aha-Erlebnisse bei dieser Reise.

01.

Das Enneagramm und unser Charakter

Die Herkunftsgeschichte des Enneagramms ist spannend zu erkunden, da sie über Jahrhunderte, vielleicht sogar Jahrtausende hinweg zunächst nur mündlich weitergegeben wurde. In der Literatur werden unterschiedliche Wege beschrieben, die das Enneagramm durch die Zeiten genommen haben soll. Es kommt aus einer Zeit, in der noch nicht zwischen Psychologie, Theologie oder Spiritualität unterschieden wurde. Einigkeit scheint in den Quellen zu bestehen, dass es ursprünglich aus der östlichen Weisheitslehre von Wüstenvätern erdacht wurde.[1] Über die Jahre hinweg unterlag es unterschiedlichen Interpretationen und Veränderungen, bis es in den 1920er Jahren in die westliche Welt gebracht und hier vornehmlich vom spirituellen Lehrer George I. Gurdjieff verbreitet wurde. In den 1960er Jahren wurde das Enneagramm in seiner grafischen Form so dargestellt, wie wir es heute kennen. Der Philosoph Oscar Ichazo hat die sogenannte Neuner-Figur bekannt gemacht. Rund zwanzig Jahre später hat der Psychiater Claudi Naranjo gemeinsam mit seinen Schülern die Enneagrammlehre in die breite Masse getragen. Viele Bücher wurden ab dieser Zeit darüber geschrieben – vor allem aus christlicher oder humanistischer Sichtweise. Das Buch «Das Enneagramm – die neun Gesichter der Seele» vom Jesuiten Richard Rohr und Andreas Ebert ist eines der grundlegendsten Werke.

Das Enneagramm und die Anwendungsfelder entwickeln sich stetig weiter. So waren bisher hauptsächlich die zwischenmenschlichen Beziehungen oder die Beziehung zwischen Gott und den Menschen Gegenstand dieser Werke. Bei intensiverer Beschäftigung mit dem Modell zeigen sich die göttlichen Botschaften: Wir alle finden uns darin wieder. Alle Typen haben ihre besonderen Stärken und eigenen Schwächen, aber es sind alle gut und alle können Großartiges vollbringen. Für jeden Typ offenbaren sich Entwicklungsfelder, die es ermöglichen, zu einem höheren Selbst zu werden. Je höher die Ebene unserer Energie ist, umso mehr können wir ein Segen für uns und andere sein.

In meinen Augen lässt es sich auf alle Bereiche anwenden, in denen sich der Mensch hinterfragt und es für ihn wichtig wird, seine eigene Motivation und damit seine Antreiber wie auch seine Blockaden zu (er-)kennen. Die vorliegende Verknüpfung von Enneagramm und Wohlstand ist bislang einmalig und beweist die vielfältigen Einsatzmöglichkeiten.

Das Enneagramm unterscheidet neun Typen und Grundmotivationen. Jeder der neun Typen hat somit einen anderen Antreiber für sein Tun. Selbst wenn das Verhalten gleich ist, kann die dahintersteckende Motivation unterschiedlich sein.

Alle Typen sind dabei gleichberechtigt. Sie können gern das Bild von König Artus' Tafelrunde vor Augen haben, bei der alle Ritter und der König gleichberechtigt an einem gemeinsamen Tisch sitzen. Keiner ist geringer als der andere, keiner ist besser als der andere. Die Welt ist am schönsten und reichhaltigsten, wenn es jeden Enneagrammtyp gibt. Spüren Sie, was das für Sie bedeutet? Um Wohlstand zu erreichen, brauchen Sie nicht so zu tun, als seien Sie jemand anderes. Sie dürfen den Zugang zu dem finden, was ohnehin schon in Ihnen steckt. Für die Arbeit mit dem Enneagramm gilt daher, dass sich niemand zu verbiegen braucht. Jeder bringt ein unglaublich großes Potenzial mit, das es ermöglicht, die gesteckten Ziele zu erreichen. Die Wege dorthin unterscheiden sich, da wir alle verschiedene Charaktere aufweisen. Und das ist völlig in Ordnung.

Viele Bücher über Persönlichkeitsentwicklung und Finanzen geben uns Ideen davon, wie wir sein und wie wir etwas tun sollten, damit wir in möglichst kurzer Zeit unsere Ziele erreichen, zum Beispiel möglichst viel Vermögen anhäufen. Ich fand es immer schade, dass dabei so wenig Augenmerk auf die individuellen Besonderheiten jedes Einzelnen gelegt wird. Es scheint eher die Devise zu herrschen: «Wenn du erfolgreich sein willst, musst du es so machen wie ich.», «Wenn du eine tolle Partnerschaft haben willst, dann geht das so und so ...», «Dies ist der Weg zum Reichtum. Du musst ...» und so weiter und so fort. Das sind sicherlich alles Erfolgsgeschichten, die es wert sind, gelesen zu werden. Doch was kann jeder Einzelne für sich wirklich mitnehmen? Warum können wir Tipps von manchen Personen leichter und schon fast intuitiv umsetzen, wohingegen andere Ratschläge uns überhaupt nicht ansprechen? Meiner Erkenntnis nach liegt vieles daran, ob wir uns mit der anderen Person identifizieren können, und zwar nicht in dem Ziel, das wir verfolgen, sondern insbesondere in der Art und Weise, wie wir die Welt betrachten und Entscheidungen fällen.

Dieses Buch verbindet die Erkenntnisse aus dem Enneagramm mit den verschiedenen Möglichkeiten, wie wir reich werden können. Es wird nicht den einen Weg geben, sondern für jedes Persönlichkeitsprofil eine individuelle Beschreibung und passende Hilfestellung.

„Alle Enneagrammtypen haben ihre Stärken und Schwächen."

Um uns dem Thema Enneagramm und Wohlstand zu nähern, lade ich Sie ein, zunächst zu verstehen, wie das Modell in der praktischen Anwendung funktioniert.

Das Enneagramm definiert neun Charaktere, die sich in drei Dreier-Gruppen anordnen. Das Wort «Enneagramm» kommt aus dem Griechischen, hierbei bedeutet «Ennea» neun und «Gramma» Modell. Den verschiedenen Enneagrammtypen werden gern die Zahlen EINS bis NEUN zugeordnet; dieser Konvention werde ich folgen.

Die drei Hauptenergiegruppen

Im Folgenden stelle ich die drei Hauptenergiegruppen vor. Hierbei handelt es sich um die Zusammenfassung von jeweils drei Enneagrammtypen anhand der Hauptenergie, die ihr Leben bestimmt. Wenn sich die Idee der Energie für Sie merkwürdig oder vielleicht sogar esoterisch anfühlt, überlegen Sie doch gern kurz, welche Menschen Sie sympathisch finden und was diese Personen gemeinsam haben. Wie fühlen Sie sich in deren Gegenwart? Und wie sieht es mit Menschen aus, die Sie nicht mögen? Was haben sie gemeinsam? Strahlen diese Menschen vielleicht eine unterschiedliche Energie aus? Und wie empfinden Sie Ihre eigene Energie, wenn Sie daran denken?

Für mich beschreibe ich zum Beispiel gern Menschen, bei denen ich mich nicht wohlfühle, als «Energie-Vampire». Meine Energie schwindet zusehends, je mehr Zeit ich mit diesen Menschen verbringe. Ich habe für mich gelernt, die Zeit, die ich mit meinen persönlichen «Energie-Vampiren» verbringe, auf ein notwendiges Minimum zu reduzieren. Auf der anderen Seite suche ich die Gegenwart von Menschen, die mir guttun: meine «Energizer». Sie beflügeln mich, und ich wachse. Sie zeigen mir meinen blinden Fleck, den ich allein nicht entdecken kann. Nachdem ich Zeit mit «Energizern» verbracht habe, sprudeln die Ideen nur so, und ich fühle mich gut.

Ich lade Sie ein, bei der Beschreibung der drei Hauptenergiegruppen in sich hineinzufühlen. Vielleicht haben Sie bei der ein oder anderen Beschreibung schon das Bild einer anderen Person vor Augen oder erkennen Muster von sich selbst darin.

Die Wut- oder Bauchgruppe (ACHT, NEUN, EINS)

Typen dieser Gruppe werden von ihrer Wut getrieben, auch wenn sie diese oft nicht als Wut wahrnehmen. Alle drei sind wahrheitsliebend und um das «Echte» bemüht. Sie streben nach Autonomie und nehmen für das Erreichen ihrer Ziele körperliche Beschwerden in Kauf. Das Grundthema ist die Wut: Die ACHT richtet die Wut nach außen, die NEUN nimmt sie gar nicht wahr, und die EINS lenkt sie gegen sich selbst.

Die Gefühls- oder Herzgruppe (ZWEI, DREI, VIER)
Diese drei Typen werden von den Gefühlen dominiert, die ihre Beziehung zu anderen Menschen ausdrückt. Die ZWEI richtet ihre Gefühle nach außen, die DREI behält sie für sich, und die VIER lenkt ihre Gefühle um, indem sie sich für etwas ganz Besonderes hält. Die drei Herztypen sind besonders auf ihr Image bedacht und suchen nach Anerkennung im Außen.

Die Angst- oder Kopfgruppe (FÜNF, SECHS, SIEBEN)
Treiber dieser Gruppe ist die Angst. Die drei Kopftypen suchen mit unterschiedlichen Mitteln nach Sicherheit in ihrem Leben. Die FÜNF verlagert die Angst ins Außen und kapselt sich von anderen ab, die SECHS verinnerlicht sie, und die SIEBEN lenkt sie in Aktivitäten um. Alle drei geben ihrem Verstand einen hohen Stellenwert.

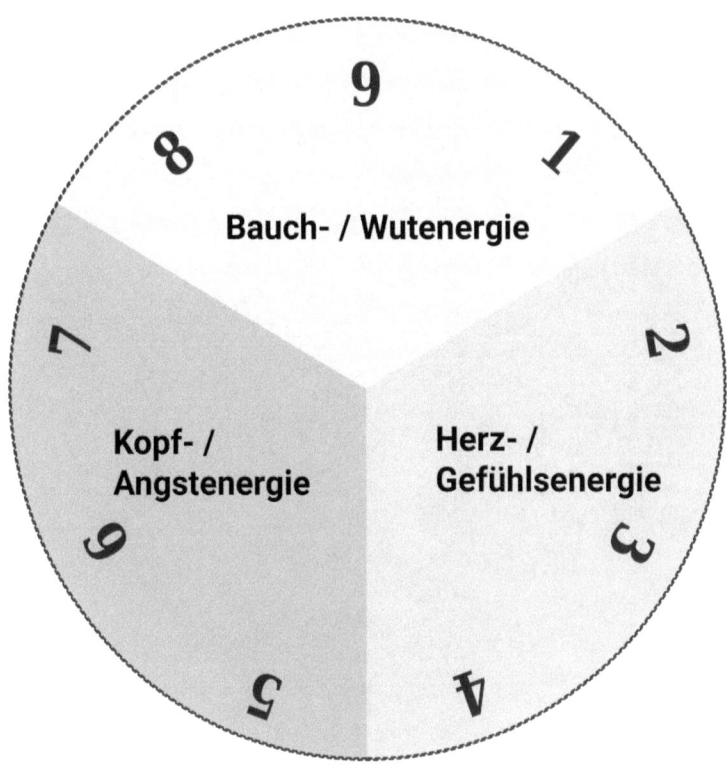

Abbildung 1: Drei Enneagramm-Gruppen

Das Enneagramm lässt sich sehr schön in einer geometrischen Form darstellen, bei der die neun Charaktere in einem Kreis angeordnet werden und durch Richtungspfeile miteinander verbunden sind. Jede Zahl ist hierbei mit jeweils zwei anderen verknüpft. Lassen Sie sich bitte nicht entmutigen, wenn Sie die Darstellung auf den ersten Blick kompliziert finden. Die Zahlen und die Pfeile werden sehr bald für Sie einen Sinn ergeben. Wir gehen Schritt für Schritt vor, und jede Information wird Ihr Bild vervollständigen.

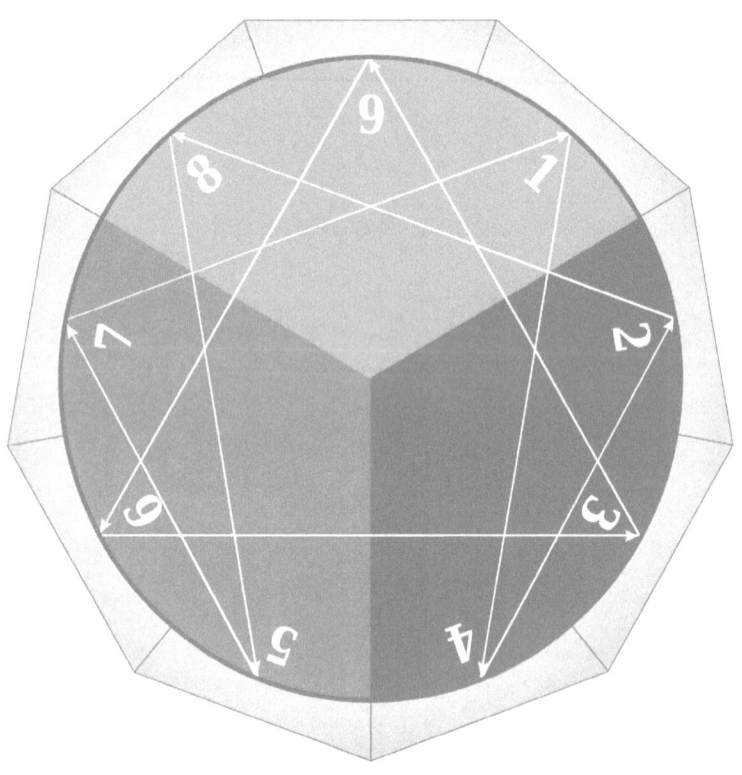

Abbildung 2: Das Enneagramm

Schauen wir uns nun die neun Persönlichkeitstypen etwas genauer an. Ich möchte an dieser Stelle erwähnen, dass es keinesfalls darum geht, Menschen in Schubladen zu stecken. Jeder ist einzigartig, und Sie können sich vorstellen, dass sich die Menschheit nicht genau an den jeweiligen Ausgangspunkten der Typen befindet. Auf dem Ring des Kreises gibt es unendlich viele Positionen, auf denen sich eine Person befinden kann. Schon ein Millimeter weiter zu einem anderen Typ unterscheidet Sie von Ihrem Nachbarn. Dahingehend sind wir alle einzigartig, dennoch teilen wir uns in Gruppen ein grobes Verhaltensmuster. Das Enneagramm ist als Hilfsmittel zu sehen, damit wir uns selbst und andere besser verstehen können. Meine Beschreibung erfolgt daher so, als wäre jemand in hundertprozentiger Übereinstimmung mit dem jeweiligen Persönlichkeitstyp. Das macht es einfacher, die Motivation der neun Typen zu unterscheiden. Sie werden feststellen, dass Sie in Ihrem Bekanntenkreis jemanden kennen, der in irgendeiner Form sehr gut in eine spezielle Kategorie passt. Und da sich das Enneagramm in der Ausprägung der neun Typen schon seit mehr als 2000 Jahren hält, wird schon etwas dran sein.

EINS: der perfektionistische Reformer

Die EINS ist stets nach Perfektion bestrebt. Oft befindet sie sich selbst in einer Optimierungsschleife. Es könnte sicher noch irgendwie besser sein. Sie hat sehr hohe Ansprüche an sich selbst und an ihr Umfeld. Fehler und Unzulänglichkeiten springen ihr geradezu ins Auge. Die EINS kann wütend werden, wenn sie das Gefühl hat, dass andere sich nicht darum bemühen, es besser zu machen.

„Du wachst einfach jeden Morgen auf und bist der Beste, der du sein kannst."

Michelle Obama, ehem. First Lady

ZWEI: der bedürftige Helfer

Die ZWEI ist immer zur Stelle, wo jemand Hilfe benötigt. Sie setzt sich für andere ein und ist bereit, ihr letztes Hemd für das Wohl anderer zu geben. Sie kann sich geradezu märtyrerhaft aufopfern. Ihre Bedürftigkeit kommt daher, dass sie sich nicht aus Liebe zu anderen aufopfert, auch wenn es ihr so vorkommt.

Im Gegenteil: Sie erwartet für ihren Einsatz die Liebe und Zuwendung der anderen. Bei Undankbarkeit oder nicht ausreichender Würdigung ist die ZWEI zutiefst verletzt und kann beleidigt reagieren.

„Es geht immer um Hoffnung, Güte und eine Verbindung untereinander."

Elizabeth Taylor, Schauspielerin

DREI: der blendende Macher

Leistung und Erfolg stehen für die DREI an erster Stelle. Hierbei können diese ganz unterschiedliche Ausprägungen haben: So könnte Erfolg finanzieller Erfolg sein, aber auch die meisten Straßenhunde in Griechenland gerettet zu haben. Je nachdem, wie die DREI Erfolg für sich definiert, gibt sie alles, um ans Ziel zu kommen. Die Währung, die sie im Gegenzug für ihren Einsatz erhält, sind Anerkennung, Respekt und Liebe. Die größte Angst der DREI ist es, nichts zu sein und keinen Wert zu haben.[2]

„Ich möchte bedeutsam sein und ein gutes Leben leben und eine Arbeit tun, die etwas bedeutet."

Reese Witherspoon, Schauspielerin

VIER: der dramatisierende Individualist

«Also bei mir ist das alles ganz anders.» So oder so ähnlich lässt sich das Weltbild der VIER beschreiben. Alles ist immer irgendwie besonders (schwierig, dramatisch, aufregend, fantastisch oder was auch immer ihr gerade einfällt). In ihrem Inneren sorgt sie sich, dass sie keine Identität oder ihre Person keine Wichtigkeit in der Welt hat. Diese gefühlte Besonderheit macht einsam und führt dazu, dass die VIER eher zu Melancholie neigt, da sie eigentlich so gern dazugehören möchte.

> „Es gibt doch nichts anderes, wofür es sich zu leben lohnt, als die Liebe."
>
> Wim Wenders, Regisseur

FÜNF: der sonderliche Forscher

«Wissen ist Macht» – der Leitspruch der FÜNF. Durch ihr Wissen in bestimmten Bereichen schafft sich die FÜNF einen Raum der Sicherheit. Dieses Wissen muss nicht zwangsläufig im wissenschaftlichen Bereich liegen – jeder kann zu den unglaublichsten Feldern einen Expertenstatus aufbauen. Die FÜNF ist eher introvertiert und braucht keine anderen Menschen um sich herum. Sie kann sich sehr gut allein beschäftigen. Der größte Treiber der FÜNF ist, als kompetent angesehen zu werden.

> „Wenn eine Idee am Anfang nicht absurd klingt, gibt es keine Hoffnung für sie."
>
> Albert Einstein, Physiker

SECHS: der loyale Skeptiker

Auf die SECHS kann man sich immer verlassen. Sie ist sehr genau und hat geradezu Angst davor, etwas zu tun, worüber andere sich ärgern könnten. Sie ist skeptisch insbesondere gegenüber allem, was sich verändert. Sie hat einen Blick für Probleme, die auftreten können. Sie ist im negativen wie positiven Sinne der Bedenkenträger, der Ideen totreden oder noch nicht bedachte fatale Auswirkungen aufzeigen kann. Die SECHS fürchtet sich davor, allein und ohne Unterstützung zu sein, und ist daher sehr sicherheitsorientiert.

> „Die Absicht, dass der Mensch glücklich sei, ist im Plan der Schöpfung nicht vorgesehen."
>
> Sigmund Freud, Psychologe

SIEBEN: der verplante Optimist

Die SIEBEN hat ein untrügliches Gespür für Spaß und das Schöne im Leben. Man findet sie da, wo etwas los ist. Sie ist ständig auf der Suche nach dem, was noch mehr Freude verspricht. Es fällt ihr eher schwer, den Moment zu genießen. Denn sie hat Sorge, etwas noch Besseres verpassen zu können. FOMO (fear of missing out) ist ein bei der SIEBEN stark vertretenes Phänomen.

> „Ich habe mehr Ideen als jeder andere im deutschen Fernsehen verbreitet."
>
> Stefan Raab, Entertainer

ACHT: der aktive Boss

Die ACHT hält mit ihrer Meinung nicht hinter dem Berg, auch wenn sie für andere verletzend sein könnte. Die ACHT teilt andere gern in zwei Lager ein: Freunde und Feinde. Wer nicht mit ihr ist, ist gegen sie. Sie ist wenig diplomatisch, dafür direkt und ehrlich. Das, was sie für richtig hält, vertritt sie gegen alle Widrigkeiten. Um zu schauen, woran sie bei anderen ist, bricht sie gern auch mal einen Streit vom Zaun. Der Konflikt gibt der ACHT Sicherheit, da sie das Gefühl hat, andere würden sich «echter» zeigen.

> „Ich will da rein!"
>
> Gerhard Schröder, ehem. Bundeskanzler

NEUN: der harmoniesüchtige Mediator

Die NEUN liebt Harmonie und versucht unter allen Umständen, Konflikte zu vermeiden. Sie kann sich sehr gut in verschiedene Standpunkte hineinversetzen und zwischen ihnen vermitteln. Dort, wo andere längst aufgegeben haben, findet die NEUN immer noch einen Weg für den Dialog und einen gemeinsamen Nenner. Sie hat einen Blick für das Verbindende. NEUNer sind der Fels in der Brandung, bei ihnen kann man zur Ruhe kommen und entspannen.

> „Mit dem Kopf durch die Wand wird nicht gehen. Da siegt zum Schluss immer die Wand."
>
> Angela Merkel, ehem. Bundeskanzlerin

Haben Sie schon eine Ahnung, zu welchem Enneagrammtyp Sie gehören? Oder sehen Sie nun klar, dass Ihr Freund, der im Urlaub bereits den nächsten plant und von einer Aktivität zur nächsten springt, mit großer Wahrscheinlichkeit eine SIEBEN ist? Wenn Sie die ein oder andere Erkenntnis haben, gehen Sie bitte sorgsam damit um. Nicht jeder möchte gern den Typ «um die Ohren gehauen» bekommen. Die Versuchung ist groß, jemandem zu sagen: «Ach, das war ja mal wieder typisch SECHS. Immer voller Sorgen und Bedenken.» Ja, Sie haben recht, es ist wirklich charakteristisch für diesen Typ. Fragen wir uns aber immer, ob es dem Gegenüber hilft, wenn wir auf diese Art und Weise mit ihm umgehen. Wenn Sie das Enneagramm und die Typen dahinter verstanden haben, wird es Ihnen zunehmend leichtfallen, den Typ anderer zu bestimmen. Seien Sie nachsichtig und achtsam mit Ihrem Wissen. Einer SECHS könnten Sie zum Beispiel entgegnen: «Ich sehe und verstehe deinen Standpunkt. Das macht das Ganze sicherer. Danke für deine Meinung, ich entscheide mich trotzdem für einen anderen Weg.» Ich sage gern, dass wir mit offenem Herzen auf die anderen und uns schauen. Je mehr wir die inneren Nöte von uns und anderen verstehen, umso besser können wir aufeinander eingehen. Im finanziellen Sinne ermöglicht uns diese Weisheit auch, die Wohlstandsverhinderer zu erkennen.

Mit der Weisheit des Enneagramms werden Sie nicht nur für sich Wohlstand erzielen können, sondern auch für andere. Um dies genau zu verstehen, tauchen wir noch etwas tiefer in die Dynamik des zugrunde liegenden Modells ein.

Stress- und Trostpunkte
Jeder Typ hat unterschiedliche Stress- und Trostpunkte. Vielleicht haben Sie bei sich selbst auch gemerkt, dass Sie bei bestimmten Verhaltensweisen oder Äußerungen von Personen sehr empfindlich reagieren. Auf der anderen Seite fühlen Sie sich bei anderen Personen, die bestimmte Eigenschaften haben,

besonders wohl. Gleichermaßen sind es genau diese Eigenschaften, die wir selbst haben, je nachdem, ob wir gerade super gestresst oder entspannt sind.

Um die positiven Eigenschaften des Partnertyps nutzen zu können, dürfen wir uns in Entspannung und Gelassenheit üben. Meditationen sind beispielsweise eine sehr gute Möglichkeit, dies zu trainieren. Unseren Stresspunkt zu kennen, ist ungemein hilfreich, wenn es darum geht, Entscheidungen zu treffen. Wenn wir wissen, wie wir unter Stress reagieren und wohin unsere Entscheidungen dann tendieren, können wir uns beispielsweise durch Atemtechnik wieder in einen ausgeglicheneren Zustand bringen. Entscheidungen im Stresspunkt sind immer schlechter als im Normalzustand oder im Trostpunkt. Überlegen Sie mal, welche schlechten Entscheidungen Sie in Ihrem Leben getroffen haben. Wie sehr standen Sie in dem Moment unter Stress (hierbei ist Ihr subjektiv empfundener Stress zu berücksichtigen)? Hatten Sie vielleicht sogar das Gefühl, nicht Sie selbst gewesen zu sein, oder fühlten Sie sich überrannt, fremdgesteuert? All das sind Anzeichen dafür, dass Sie in diesen Momenten nicht ganz bei sich waren, sondern sich von negativen Eigenschaften Ihres Stresspunktes haben beeinflussen lassen. Menschen haben schon so unglaublich viel Geld verloren, weil sie gelinde gesagt ihren Stresspunkt nicht kannten.

Die Dynamik der Stress- und Trostpunkte wird im Enneagramm mit den Pfeilen dargestellt. In der grafischen Darstellung führt immer ein Pfeil hin zu einem Enneagrammtyp und ein Pfeil weg von ihm. Wenn wir uns zunächst die EINS anschauen, führt ein Pfeil von der EINS weg zur VIER und von der SIEBEN hin zur EINS. Eine Eselsbrücke: Der Pfeil, der zu einem Enneagrammtyp hinführt, bringt die eher positiven Eigenschaften mit, wohingegen der Pfeil, der von einem Typ wegführt, zu den eher negativen Eigenschaften des Zieltyps weist.

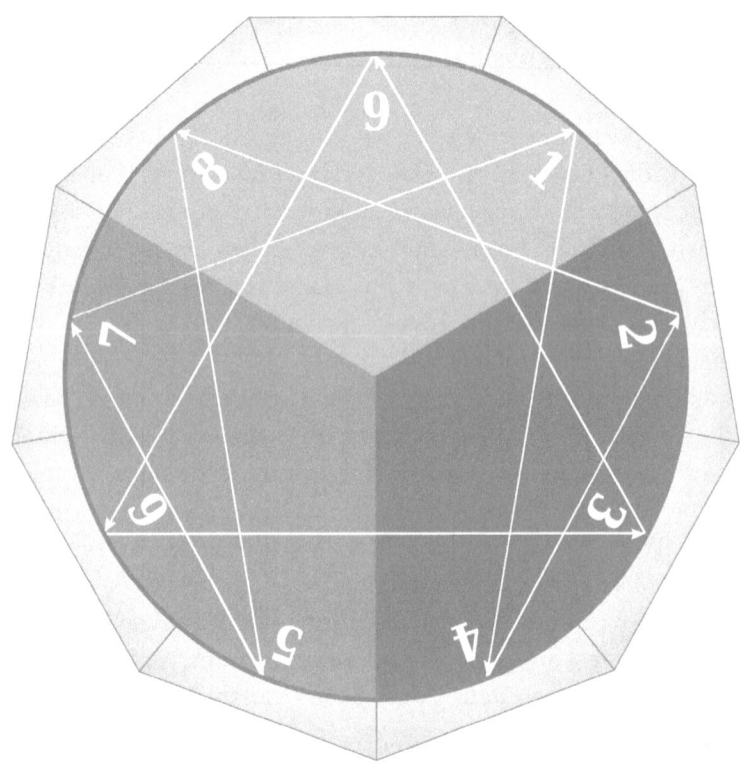

Abbildung 3: Stress- und Trostpunkte

Stresspunkt der EINS (Perfektionist): Wenn die EINS unter Druck gerät und im Stress ist, macht sie sich selbst Vorwürfe, nicht gut genug zu sein. Sie nimmt die negativen Eigenschaften einer VIER an und wird somit launisch, irrational und melancholisch. In einer stetigen Abwärtsspirale kann dieses Muster die EINS bis zur Depression führen.

Trostpunkt der EINS: Kommt die EINS hingegen in ihre Entspannung, so kann sie zusätzlich zu ihrem eigenen Repertoire die besonderen Stärken der SIEBEN nutzen und wird toleranter, fröhlicher und spontaner. Sie wirkt weniger verbissen und kann auch mal «fünfe gerade sein lassen».

Stresspunkt der ZWEI (Helfer): Die ZWEI fühlt, dass sie emotional zu kurz kommt, und wird wütend und aggressiv. Sie fühlt, dass ihr Einsatz, die Unterstützung und Hilfe für andere nicht ausreichend gewürdigt werden. Zunächst wird sie beleidigt und beleidigend. Das vormals Gute wird als Druckmittel gegen andere verwendet und ihnen regelrecht vorgebetet: «Du weißt gar nicht, was ich alles aufgegeben habe, damit du ...» Sie kann manipulativ und herrschsüchtig wie die ACHT werden.
Trostpunkt der ZWEI: Die ZWEI kann sich mehr auf sich selbst einlassen, und ihr Drang, sich ständig um andere zu kümmern, lässt nach. Sie entspannt sich und kann die stärkenden Eigenschaften der VIER nutzen. Dadurch erkennt sie, dass sie sich auch um sich selbst kümmern darf. Selbstliebe und Selbstfürsorge finden dadurch einen Platz im Leben der ZWEI.

Stresspunkt der DREI (Macher): Durch Fehler und Misserfolge zweifelt die DREI an sich und allem um sich herum. Sie sorgt sich, dass ihr mühevoll aufgebautes Image sich nicht halten lässt. Vorher ein Energiebündel, wird die DREI im Stress einfach nur müde und möchte nichts mehr tun. Sie zieht sich zurück und wird apathisch wie die NEUN.
Trostpunkt der DREI: Die entspannte DREI nimmt sich nicht mehr so wichtig und setzt sich mehr für andere ein wie die SECHS. In ihrer Entspannung schafft es die DREI, sich von ihrem Image zu lösen und sich zu hinterfragen: «Wer bin ich ohne meinen Erfolg?» So befasst sich die DREI am ehrlichsten mit sich selbst.

Stresspunkt der VIER (Individualist): Die VIER empfindet besonders dann Stress, wenn sie sich in ihrer Einzigartigkeit nicht gesehen fühlt. Sätze wie «Das ist doch total normal» oder «Du bist da wie alle anderen auch» verursachen ihr Existenzängste. Bei Stress beginnt die VIER zu klammern und wird sehr aufdringlich, ähnlich der ZWEI.

Trostpunkt der VIER: In ihrer Entspannung kann die VIER diszipliniert und objektiv sein wie die EINS. Sie schafft es, das Gute in den Routinen und Banalitäten des Alltags zu sehen. Diese VIER kommt stärker ins Handeln und kann ihre Ziele besser umsetzen. Den schwierigsten Schritt für die VIER, vom Träumen ins Handeln zu kommen, schafft sie in ihrer Entspannung.

Stresspunkt der FÜNF (Forscher): Die gestresste FÜNF, die sich in ihrer Sicherheit bedroht fühlt, wird hyperaktiv und sprunghaft wie die SIEBEN. Sie verliert sich in Szenario-Überlegungen: «Was wäre, wenn?» und verfolgt mal das eine, mal das andere Ziel. Bildlich können Sie sich hier einen Hasen vorstellen, der auf der Flucht Haken schlägt.

Trostpunkt der FÜNF: Die entspannte FÜNF wird selbstbewusst und entscheidungsfreudig wie die ACHT. Sie nimmt sich nicht mehr so stark zurück und traut sich soziale Kontakte zu. Im Gespräch mit anderen fühlt sie sich nicht überfordert, sondern ist bereit aktiv teilzunehmen.

Stresspunkt der SECHS (Skeptiker): Angstsituationen setzen die SECHS zunehmend unter Druck. Insbesondere wenn die SECHS das Gefühl hat, dass ihr niemand beisteht, dreht sich die Abwärtsspirale immer weiter. In einer Flucht nach vorn versucht sie sich allein durchzuschlagen. Sie wird dabei zunehmend arrogant und rücksichtslos wie die DREI.

Trostpunkt der SECHS: Die entspannte SECHS kann optimistisch und gelöst durchs Leben gehen wie die NEUN. Eine SECHS, die sich sicher und gut aufgehoben fühlt, kann den inneren Skeptiker ruhen lassen. Sie empfindet eine innere Ruhe und kann zum Urvertrauen zurückfinden.

Stresspunkt der SIEBEN (Optimist): Die gestresste SIEBEN nörgelt an allem herum und findet jedes Haar in der Suppe wie die EINS. Wenn die SIEBEN ihre optimistischen Ideen nicht umsetzen kann, fühlt sie sich wie mit dem Rücken zur Wand. Die Möglichkeiten schwinden, und so versucht sie krampfhaft und pedantisch, wenigstens etwas umsetzen zu können. Hierbei wirkt sie geradezu verbissen.

Trostpunkt der SIEBEN: In ihrer Entspannung kann die SIEBEN nachdenklich und fokussiert sein wie die FÜNF. Das eher flatterhafte Gemüt, wie ein Schmetterling auf der Suche nach der nächsten Blüte mit leckerem Nektar, beruhigt sich. Sie kann das Nichtstun aushalten und die Ruhe genießen.

Stresspunkt der ACHT (Boss): Die gestresste ACHT wird ängstlich und zieht sich zurück wie die FÜNF. Die ACHT gerät meist dann unter Stress, wenn sie merkt, dass sie viele Menschen durch ihre Art verprellt hat. Wie eine sich selbst bestätigende Prophezeiung, dass ihr alle etwas Böses wollen, verstärkt sich dieser Eindruck immer mehr. In ihrem Selbstzweifel kann sie paranoide Züge annehmen und sich immer mehr verschließen.

Trostpunkt der ACHT: Entspannt ist es der ACHT möglich, sich zu öffnen und fürsorglich zu werden wie die ZWEI. Sie erkennt, nicht immer die Starke sein zu müssen. Der Respekt anderer sinkt nicht, weil sie eine Schwäche zugestanden hat. Gerade wenn eine ACHT es schafft, sich emotional zu öffnen und ihr Herz zu zeigen, ist sie überrascht, welch positiven Einfluss sie damit auf andere hat.

Stresspunkt der NEUN (Vermittler): Sie bekommt starke Selbstzweifel und wird überängstlich wie die SECHS. Wird die NEUN gezwungen, Stellung zu beziehen, und erscheint ein Streit unausweichlich, zweifelt sie immer mehr an sich, ihrem Wert und an ihrer Berechtigung, eine Meinung zu äußern, ja sogar überhaupt eine Meinung zu haben. Sie bewegt sich wie auf Glas, immer bedacht, bloß keinen falschen Schritt zu tun.

Trostpunkt der NEUN: Die entspannte NEUN wird energiereicher und interessiert sich mehr für ihren eigenen Erfolg wie die DREI. Sie kann es genießen, sich für ein Thema zu begeistern und anderen davon zu berichten. Sie gibt anderen Raum, weiß aber auch ihre eigenen Interessen zu vertreten.

Die Wurzelsünden

Nachdem wir uns die natürlichen Bewegungen innerhalb des Enneagramms angeschaut haben, kommen wir zum Begriff der «Wurzelsünde». Dieser scheint auf den ersten Blick ziemlich antiquiert zu sein. Wo sprechen wir heute – außer vielleicht in der Kirche – von Sünden? Die Nähe zum christlichen Glauben erklärt, warum den einzelnen Typen die sogenannten Todsünden zugeordnet wurden. Zwar gibt es nach christlicher Überlieferung nur sieben Todsünden: Zorn, Hochmut, Neid, Geiz, Völlerei, Wollust und Faulheit[3], die Grundbasis jedoch wurde um zwei weitere Sünden, Täuschung/Lüge und Angst, erweitert. Diese neun bilden die sogenannten Wurzelsünden. Ich habe die Begriffe, wo nötig, der modernen Sprache angepasst, sodass wir in diesem Buch von folgenden Wurzelsünden sprechen: Zorn, Stolz, Täuschung, Neid, Geiz, Angst, Maßlosigkeit, Schamlosigkeit und Trägheit.

Sicherlich hört sich keine der eben genannten Sünden erstrebenswert an. Wie hilft uns das nun weiter? Die Wurzelsünden der Charaktere kann man auch als die besonderen individuellen Herausforderungen und Erfolgsverhinderer verstehen. Jeder Enneagrammtyp hat eine für ihn typische Denk- und Handlungsweise, die von niederen Energien bestimmt wird. Diese niederen und höheren Energien lassen sich sogar messen und auf einer Skala darstellen. Für weiterführende Lektüre empfehle ich Hawkins.[4]

Die Wurzelsünden sind den einzelnen Enneagrammtypen meist nicht bekannt und im Unterbewusstsein verankert. Es erfordert einen achtsamen Umgang mit sich und seinen Gefühlen, um sich den Wurzelsünden zu nähern. Meist sind es die Eigenschaften, die andere an uns erkennen, zu denen wir selbst aber einen schwierigen Zugang haben. Sie sind unser blinder Fleck. Wenn wir denken: «Nein, so bin ich auf gar keinen Fall!», dann lohnt es sich genauer hinzuschauen. Gerade wenn wir von anderen eine Rückmeldung in diese Richtung bekommen. «Was? Ich und ängstlich? Pffff, niemals! Also ich doch nicht! Denk mal an unseren Nachbarn, also DER ist nun wirklich ängstlich. Aber ich?! Nein. Ich sehe einfach nur die Gefahren. Ganz realistisch.»

In der Erkenntnis der Wurzelsünde liegen eine besondere Herausforderung und ein besonderer Schatz. Dies ist sicherlich der mühsamste und manchmal auch schmerzhafteste Prozess im Umgang mit dem Enneagramm. Zum einen fällt es uns schwer, den blinden Fleck zu erkennen – sonst wäre es nicht der blinde Fleck. Zum anderen sträubt sich alles in uns, das Ergebnis anzunehmen. Wer möchte schon erkennen, dass im Grunde seines Seins der Motor für alles Zorn, Stolz oder eine der anderen Sünden ist? Möchten wir nicht lieber von Gerechtigkeit, Liebe und anderen schönen Idealen angetrieben werden?

Die ZWEI beispielsweise, die dachte, als «Gutmensch» allen aus Liebe heraus zu helfen: Sie erkennt, dass ihr eigener Stolz ganz tief darunterliegt. Wie passt Stolz dazu? In ihrem Unterbewusstsein sieht sich die ZWEI nicht auf Augenhöhe mit denen, denen sie hilft. Sie schafft durch ihre Hilfe eine Abhängigkeit und fordert Liebe und Zuneigung ein. Der darunterliegende Stolz sagt: «Ich kann es besser/Ich weiß es besser. Daher helfe ich dir.» Sie traut dem anderen nicht zu, es aus eigener Kraft zu schaffen. Diese Erkenntnis kann sehr wehtun und das eigene Selbstbild fundamental verändern.

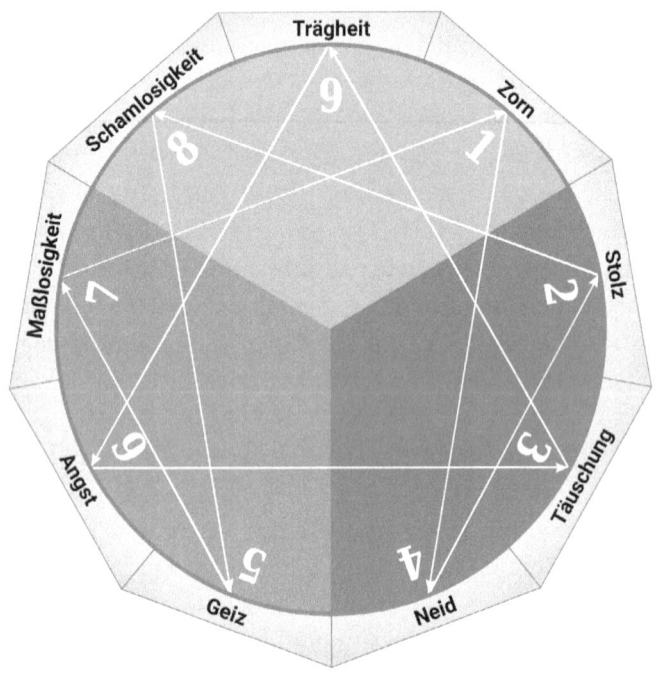

Abbildung 4: Wurzelsünden der Charaktere

Doch in diesem Schmerz liegt der unheimlich große Schatz, das Potenzial jedes Einzelnen verborgen. Um beim genannten Beispiel zu bleiben: Die ZWEI, die ihr niederes Motiv kennt, kann sich davon frei machen. Sie kann innehalten und reflektieren. Warum tue ich das, was ich gerade tue? Bin ich noch auf Augenhöhe oder versuche ich mich über den anderen zu stellen? Helfe ich frei oder habe ich eigentlich einen Hintergedanken? Mit dieser Reflexion schafft es die ZWEI, sich als die reife, entspannte Version ihrer selbst zu entwickeln.

Schauen wir uns nun die Wurzelsünden der einzelnen Enneagrammtypen an.[5]

Die Wurzelsünde der EINS ist der Zorn. Als Perfektionistin schwelt im Inneren ein Zorn über die Fehler der Welt, der anderen Menschen und sich selbst. Sie ist zornig darüber, dass sich andere nicht in dem Maße dafür engagieren, die Welt zu einem besseren Ort zu machen.

Die ZWEI ist stolz, auch wenn sie selbst es so nie sagen würde. Der Stolz besteht darin, anderen zu unterstellen, dass diese zum einen ihren Einsatz nicht ausreichend würdigen und zum anderen nicht von selbst erkennen wollen, welche Bedürfnisse die ZWEI hat.

Die Sünde der DREI ist die Täuschung. Sie kann leicht in verschiedene Rollen schlüpfen, je nachdem, was gerade benötigt wird. Da sie ihre eigenen Gefühle nicht gut wahrnehmen kann, täuscht sie sich und auch alle anderen über ihr wahres Ich.

Die Wurzelsünde der VIER ist der Neid. Unterschwellig beneidet die VIER alle anderen, die Teil einer Gemeinschaft sind. Sie flüchtet sich in ihre Individualität und schielt doch immer verstohlen auf andere.

Die FÜNF ist geizig, nicht nur im finanziellen Verständnis. Sie geizt auch mit sich selbst, das heißt, sie zieht sich von anderen zurück, auch wenn sie hilfreich sein könnte.

Die Sünde der SECHS ist die Angst oder Furcht, die in allem mitschwingt, was die SECHS tut. Durch die Angst blockiert sie sich und wird blind für Chancen, die sich ihr bieten.

„Oh nein, wir sind verloren!"

C3-PO, Figur aus Star Wars

Maßlosigkeit ist die Wurzelsünde der SIEBEN. Sie springt von einem positiven Erlebnis zum nächsten und findet kein Ende. Die SIEBEN muss immer noch einen draufsetzen und kann sich nicht mäßigen.

Die ACHT zeigt sich in ihrer Schamlosigkeit. Das bedeutet, dass die ACHT wie der sprichwörtliche Elefant im Porzellanladen agiert und so direkt kommuniziert, dass sie anderen damit vor den Kopf stößt.

Die Wurzelsünde der NEUN ist die Trägheit. Diese ist nicht zwingend körperlich zu sehen, sondern vielmehr als geistige Einstellung. Bis sich die NEUN geistig bewegt und entscheidet, dauert es länger als bei allen anderen Gruppen.

Wenn wir im folgenden Kapitel schauen, welcher Enneagrammtyp auf Sie zutreffen könnte, lassen Sie sich bitte nicht zu dem Gedanken verleiten: «Ich bin Typ DREI. Also sorry, so bin ich halt, und damit müsst ihr klarkommen.» Auch wenn das Enneagramm viele Antworten auf das «Warum» gibt, bleibt uns immer die Möglichkeit, ja sogar der Auftrag, an uns zu arbeiten. Sie werden im nächsten Kapitel erkennen, wie wichtig es ist, diese Eigenschaften nicht einfach hinzunehmen und in eine Opferrolle zu verfallen. Der Enneagrammtyp ist keine Entschuldigung für schlechtes Benehmen oder sonstiges Fehlverhalten. Es öffnet vielmehr eine Tür, die wir durchschreiten dürfen, um eine noch bessere Version unserer selbst zu werden. Besonders wenn Sie sich zum Ziel genommen haben, Wohlstand zu erzielen, dürfen Sie aktiv mit dem Enneagramm an sich arbeiten. Sie werden durch Ihre Erkenntnisse aus den ersten beiden Kapiteln dieses Buches einen großen Sprung in Ihrer mentalen Entwicklung machen, der es Ihnen ermöglicht, ein Geldmagnet zu werden.

Vielleicht hadern Sie mit sich und wollen die Schwächen nicht wahrhaben. Schauen Sie, dass Sie über das Stadium der reinen Informationsaufnahme hinauswachsen. Lernen Sie Ihren Enneagrammtyp kennen und erfahren Sie, wie Sie das versteckte Potenzial erwecken können. Sie werden erleben, dass Sie transformieren und immer bessere Entscheidungen treffen können. Sie werden weniger von niederen Energien beherrscht, die Ihnen bislang Steine in den Weg gelegt haben. Sie werden erfolgreich sein, wenn Sie lernen, auch die anderen Menschen mit ihren Besonderheiten kennenzulernen. Situationen, an denen Sie sich in der Vergangenheit aufgerieben haben, werden seltener auftreten. Dadurch wird es Ihnen immer leichter fallen, das Leben zu kreieren, dass Sie sich wünschen.

Sie sind skeptisch? Kann das wirklich möglich sein? Ja, das kann es. Ich habe es selbst erfahren und erlebe das Enneagramm als tägliche Bereicherung. Gehen wir nun einen Schritt weiter und lernen die Fixierung auf einen Enneagrammtyp kennen.

02.
Den eigenen Enneagrammtyp bestimmen

Jetzt haben Sie ein umfassendes Verständnis erhalten, wie das Enneagramm funktioniert. Vielleicht kam Ihnen beim Lesen hin und wieder der Gedanke: «Das klingt nach mir» oder auch: «Das ist typisch für XY». Doch wie verhält es sich genau mit den Enneagrammtypen? Haben wir nur einen oder mehrere? Oder ändert sich der Typ vielleicht im Laufe unseres Lebens? Schließlich würden Sie mir zustimmen, dass Ihre Motivation heute eine andere ist als jene, die Sie beispielsweise als zehnjähriges Kind hatten.

Im Verständnis des Enneagramms erfolgt die Fixierung auf einen Charakter, also einen Enneagrammtyp, in der (frühen) Kindheit. Welcher Typ gewählt wird, hängt davon ab, wann die Not des Kindes in dieser Zeit am größten war. Manche Menschen sagen von sich, dass sie keine Not hatten, weil sie eine ganz tolle Kindheit erlebt haben. Das mag für sie subjektiv stimmen, wobei ich mir kaum vorstellen kann, dass rund 18 Jahre lang immer alles toll gewesen sein soll. Andere Menschen wiederum berichten von einer schlimmen Kindheit und könnten unzählige Nöte aufzählen, die sie erfahren haben.

Es geht nicht darum, irgendjemandem die Schuld zu geben. Nicht den Eltern, anderen Beteiligten und auch nicht sich selbst. Da wir nicht in einer Utopie oder in einem Paradies leben, ist es nur natürlich, dass jeder auf die eine oder andere Weise eine Not erfahren hat. Diese ist immer im Verhältnis zu den anderen Bedürfnissen zu sehen. Es kann sein, dass es viele hohe Ausprägungen gegeben hat und eine etwas hinten dran war oder dass sich ein Glaubenssatz in einer bestimmten Situation in der Vergangenheit manifestiert hat. Das bedeutet weder, dass die Eltern ihre Aufgabe schlecht gemacht hätten, noch dass mit einem selbst irgendetwas nicht stimmt. Ganz im Gegenteil: Gehen wir doch davon aus, dass unsere Eltern es so gut gemacht haben, wie sie konnten. Wir als Kinder haben auf das reagiert, was wir im jeweiligen Alter zu interpretieren vermochten.

Die nachfolgende Übersicht zeigt die Enneagrammtypen mit ihrem unbewussten Leitsatz aus der Kindheit sowie dem entgegengestellt die Ermunterung, die sie in der Zeit gebraucht hätten und bis heute noch suchen. Sollten Sie den Enneagrammtyp von Freunden und Familie kennen, lade ich Sie ein, Ihnen etwas Gutes zu tun, indem Sie sie gelegentlich durch Worte oder Taten, entsprechend der Tabelle, ermuntern. Sie werden sehen, wie nachhaltig sich Ihre Beziehungen zu anderen Menschen verbessern wird.

An dieser Stelle möchte ich anmerken, dass die formulierten Glaubenssätze natürlich nicht bei jedem Typ in genau diesem Wortlaut getroffen wurden. Aber die Richtung zeigt sich in den vielen Coachings eindeutig und bestimmt, mit welcher Energie wir durch unser Leben gehen.

Typ	Glaubenssatz	Ermunterung
ACHT	Traue niemandem	Du wirst nicht betrogen
NEUN	Sei nicht so stur	Du bist wichtig
EINS	Mache keine Fehler	Du bist gut
ZWEI	Nimm dich nicht so wichtig	Du bist erwünscht
DREI	Eigene Gefühle und eigener Wille sind nicht so wichtig	Du wirst geliebt

Typ	Glaubenssatz	Ermunterung
VIER	Sei nicht so perfekt	Du verdienst Anerkennung
FÜNF	Mache es dir nicht zu einfach	Deine Bedürfnisse sind wichtig
SECHS	Bilde dir bloß nicht zu viel auf dich ein	Du bist sicher
SIEBEN	Verlasse dich nur auf dich selbst	Für dich wird gesorgt

Ist die Fixierung erfolgt, bleiben wir unser Leben lang dieser Typ. Wie passt das zum lebenslangen Lernen und dem Arbeiten an uns selbst? Das Enneagramm gibt sehr viele Möglichkeiten zur Entwicklung auf verschiedenen Ebenen.

Um dies zu veranschaulichen, können wir das Modell des Enneagramms auch dreidimensional betrachten. Hierbei ist es möglich, dass wir uns auf einer der drei Ebenen unseres Charakters befinden. In der unteren Ebene befinden sich die Stresspunkte, in der mittleren Ebene findet sich das, was man Normalzustand nennen kann, und auf der oberen Ebene finden wir die Trostpunkte.

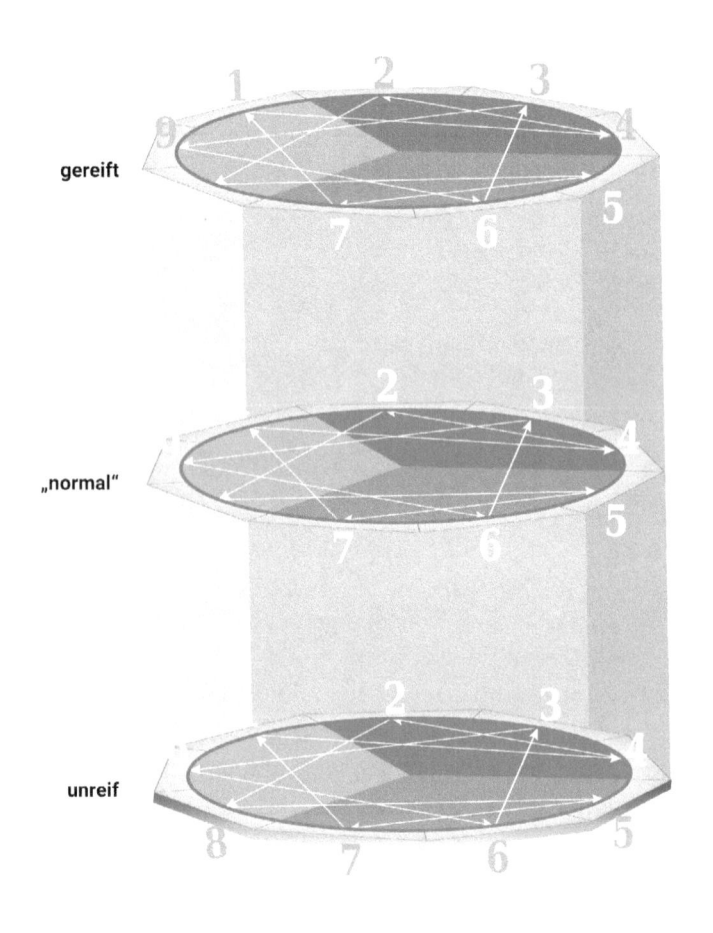

Abbildung 5: Die drei Ebenen des Enneagramms

Wir können uns auf der Ebene entwickeln, in der wir uns befinden, oder uns zur benachbarten hin entwickeln. Natürlich wäre hier die Idee, sich zu der jeweils höheren Ebene zu entwickeln. Diese Darstellung ist vereinfacht, das heißt, wir springen nicht förmlich vom Normalzustand zum gereiften Zustand, sondern es gibt unendlich viele Zwischenebenen, die wir mal schneller, mal langsamer durchschreiten. Wer also denkt, er kann den Schalter irgendwie umlegen und «pling» ist er gereift und erleuchtet, dem sei gesagt: Das kommt tatsächlich nur sehr selten vor. Traumatische Erlebnisse können auf der anderen Seite in Fällen dazu führen, dass man eine bereits erreichte Ebene verlässt und auf die darunterliegende wechselt.

Haben Sie vielleicht eine Situation vor Augen, in der jemand gesagt hat: «Der XY hat sich total verändert»? Was kann passiert sein? Sicherlich ist diese Person immer noch der gleiche Enneagrammtyp geblieben. Allerdings werden Sie gleich beim Lesen feststellen, dass der Sprung von einer Ebene zur nächsten signifikante Änderungen mit sich bringt. Die Energie, mit der die Person durchs Leben geht, verändert sich. In der unreifen Version sind sehr niedrig schwingende Energien vorherrschend. Das bedeutet nicht, dass diese Menschen keine Energie haben. Sie wird vielmehr für eher einschränkende, destruktive Einstellungen verwendet. Die alte Weisheit «Menschen ändern sich nicht» ist aus Sicht des Enneagramms sowohl wahr als auch unwahr.

Ergänzend können wir uns die sogenannten Flügel ansehen. Unter Flügeln werden der linke und der rechte Nachbar im Enneagramm verstanden. Die Flügel sind Ressourcen, auf die der jeweilige Typ zurückgreifen kann, um seinen Charakter zu bereichern. Die nachfolgende Tabelle gibt einen Überblick über diese Flügel und die wesentlichen Merkmale. Die Beschreibung der Merkmale erfolgt immer in Bezug auf den Typ in seiner Reinform. Grafisch können Sie sich vorstellen, wie wir von einem Typ immer weiter auf dem Rand entlanggehen, bis wir beim Nachbarn ankommen. Je nachdem, welchem Typ wir näher sind, beschreibt dieser den Haupttyp und der, dem wir uns nähern, den Flügel.

Merkmale	Flügel	TYP	Flügel	Merkmale
Idealist: kann auch mal fünfe gerade sein lassen	9	1	2	Anwalt: empathischer und anderen mehr zugewandt; setzt sich für die Bedürfnisse anderer ein
Diener: zielorientierter und kann sich von der erwarteten Gegenleistung lösen	1	2	3	Gastgeber: bereitet anderen gern eine angenehme Atmosphäre und tut viel für sie
Charmeur: ist weniger auf sich fokussiert und erkennt, was andere benötigen	2	3	4	Professioneller: kann kreative, unkonventionelle Lösungswege finden
Aristokrat: stellt weniger die eigene Besonderheit in den Vordergrund und kann sich besser einfügen	3	4	5	Bohemien: gibt sich geheimnisvoll und schöpferisch
Problemlöser: ist empfindsam und inspiriert	4	5	6	Kritiker: ist eher misstrauisch und kritisch, aber auch fleißig
Verteidiger: ist teilweise penibel, aber mit hoher Kompetenz	5	6	7	Kumpel: ist loyal und anderen freier zugewandt

Merkmale	Flügel	TYP	Flügel	Merkmale
Entertainer: sucht nach Bestätigung von anderen	6	7	8	Realist: entwickelt sein Führungspotenzial
Rebell: ist sehr geschäftstüchtig und kann großherzig sein	7	8	9	Bär: dominiert andere nicht so offensichtlich und zeigt sich mitfühlend
Schiedsrichter: setzt Interessen durch und entwickelt seine starke Seite weiter	8	9	1	Träumer: kann Visionen entwickeln und sich selbst besser annehmen

Welcher Enneagrammtyp jemand ist, lässt sich manchmal gar nicht so leicht bestimmen. Sicher, es gibt diesbezüglich zahlreiche Tests auf dem Markt, die mal mehr, mal weniger treffsicher den Typ bestimmen. Ich sehe diese Tests eher als eine grobe Indikation denn als in Stein gemeißeltes Ergebnis. Warum? All diese Tests versuchen, durch standardisierte Verfahren einen Typ zu bestimmen, indem Fragen beantwortet und einem daraufhin einer der neun Enneagrammtypen zugeordnet werden. Leider kann es hierbei zu Verzerrungen kommen, zum Beispiel wenn bei einer Aussage wie «Ich reise gern» der SIEBEN eine volle Punktzahl zugeordnet wird. Auf den ersten Blick mag das logisch sein. Doch wenn der Grund, warum ich gern reise, auf meinem Wert «weil es richtig ist, die Welt zu kennen» basiert, dann bin ich eher bei der EINS. Es kommt auf die innere Motivation an, also warum jemand etwas tut. Fragen, die auf das Warum abzielen, bringen eine höhere Wahrscheinlichkeit, den richtigen Typ zu finden.

Woraus bestimmt sich unser Warum? Die Suche nach dem Warum treibt die Menschheit schon seit Ewigkeiten um. Manche gehen rational an die Beantwortung heran und orientieren sich an der Bedürfnispyramide von Maslow[6]. Sie ist ein gutes Hilfsmittel, um sich die unterschiedlichen Ebenen der Bedürfnisse vor Augen zu führen. Die Pyramide unterteilt sich in fünf Stufen, bei denen in Defizitbedürfnisse und Wachstumsbedürfnisse unterschieden wird. Die Stufen 1 bis 2 gehören hierbei zu den Defizitbedürfnissen, das heißt, es gibt einen gefühlten Mangel, den es zu beseitigen gilt. Die Stufen 3 bis 5 sind Wachstumsbedürfnisse. Diese können nie wirklich vollends gestillt werden, sondern man nähert sich ihnen bis zu einem bestimmten Zufriedenheitsgrad. Man spricht in diesem Kontext auch gern von unstillbaren Bedürfnissen. Die Grundlogik der Bedürfnispyramide von Maslow ist: Je eher die Bedürfnisse in den unteren Ebenen erfüllt werden, desto weiter steigen die Bedürfnisse an, bis sie bei der Selbstverwirklichung ankommen. Das bedeutet, dass zunächst die jeweiligen Bedürfnisse der aktuellen Stufe erfüllt sein müssen, bevor der Mensch die Bedürfnisse der nächsthöheren Stufe empfindet. Folgt man dieser Idee, ermöglicht die Bedürfnispyramide eine Fokussierung auf die aktuellen Wachstumsthemen des Menschen. Er verschwendet in dem Sinne kaum Energie, um über die höheren Stufen nachzudenken.

```
Selbstverwirklichung
Individualbedürfnisse
  Ansehen, Status                    • Wachstumsbedürfnisse
Soziale Bedürfnisse
  Zusammenhalt
Sicherheitsbedürfnisse
  Gesellschaft, Institutionen
                                     • Defizitbedürfnisse
Physiologische Bedürfnisse
  Lebenserhaltung, Schutz
```

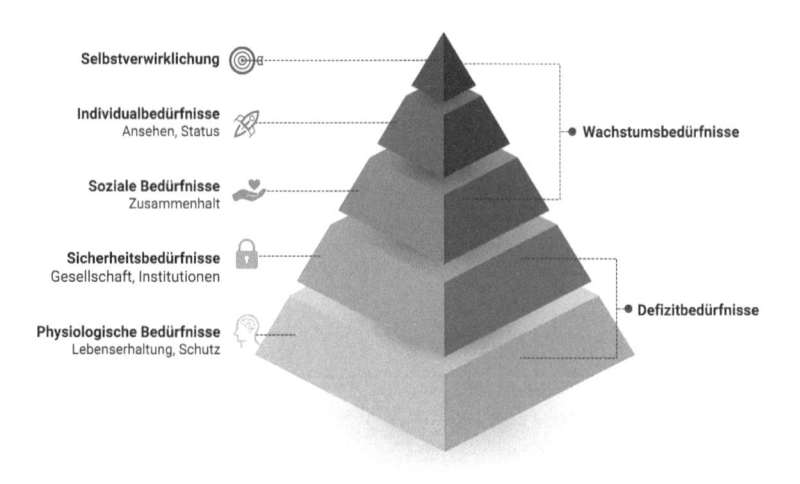

Abbildung 6: Bedürfnispyramide nach Maslow

Bevor wir uns die einzelnen Stufen genauer anschauen, möchte ich noch bemerken, dass die Bedürfnispyramide eine subjektive Darstellung ist. Das bedeutet, dass das Maß, ab wann eine Person ihre Bedürfnisse als befriedigt empfindet, ihrer subjektiven Bewertung unterliegt. Zwei Menschen in demselben sozioökonomischen Kontext können sich auf unterschiedlichen Stufen befinden, wenn sie ihre Lebenssituation unterschiedlich beurteilen. Sie können gern für sich geistig die Stufen abhaken, die Sie in Ihrem Leben als bereits erreicht ansehen. Auf welcher Stufe stehen Sie heute? Was fehlt Ihnen, um auf die nächste Stufe zu gelangen?

Stufe 1: Physiologische Bedürfnisse/Grundbedürfnisse

In der Basis der Bedürfnispyramide geht es erst einmal um den natürlichen Selbsterhaltungstrieb. Hier heißt das Warum «Überleben». Das Stillen der körperlichen Bedürfnisse dient zur Erhaltung des Lebens. Hierzu gehören beispielsweise Hunger, Durst, Sexualität, Ruhe und Bewegung gleichermaßen, Schutz und Wohnraum sowie körperliche Unversehrtheit.

Stufe 2: Sicherheitsbedürfnisse
Bei den Sicherheitsbedürfnissen geht es darum, die Grundbedürfnisse auch für die Zukunft zu sichern. Es ist die Erweiterung des «im Moment überleben» hin zu einer geplanten, weitestgehend sicheren Zukunft. Institutionen wie die Gesellschaft, Gerichtsbarkeit, Wissenschaft, Familie und Religion bekommen einen Stellenwert.

Stufe 3: Soziale Bedürfnisse
Eine Person strebt grundsätzlich nach einem Gefühl der Zugehörigkeit in einer Gesellschaft. Menschen sind soziale Wesen und brauchen den kommunikativen Austausch, der ein Gefühl von Zusammengehörigkeit und gegenseitiger Unterstützung hervorruft. Darüber hinaus möchte der Mensch Zuneigung und Liebe geben und selbst erfahren.

Stufe 4: Individualbedürfnisse
Anerkennung, Ansehen, Einfluss, Macht, Freiheit und Status zählen zu den Individualbedürfnissen. Diese können je nach Charakter sehr unterschiedlich gelagert sein und bestimmen einen Großteil unserer Persönlichkeitsstruktur.

Stufe 5: Selbstverwirklichung
Die Selbstverwirklichung dient dazu, eigene Talente zu erkennen und damit das volle Potenzial zu entfalten. Auf der höchsten Stufe der Bedürfnispyramide strebt der Mensch danach, den Sinn des Lebens zu finden bzw. zu erschaffen.

Dieser Abriss der verschiedenen Entwicklungsstufen macht deutlich, dass das Warum auch davon bestimmt sein kann, welches Bedürfnis aktuell noch nicht ausreichend befriedigt wurde.

„Das Warum bestimmt sich aus unseren Bedürfnissen, das Wie aus unserer Persönlichkeit."

Wenn Sie bisher noch keinen Enneagrammtest gemacht haben, wäre nun ein guter Zeitpunkt. Sie haben ein tiefes Verständnis und sich reflektiert. Die Chancen, ein gutes Ergebnis zu erzielen, ist hoch. Sie können über den QR-Code im Anhang den empfohlenen Test durchführen oder jeden anderen, der Ihnen sinnvoll erscheint.

Es war für mich nicht einfach, meinen eigenen Enneagrammtyp festzustellen. Bei anderen hat es mich geradezu angesprungen. So berichtete beispielsweise Nadine in einem Coaching, dass sie enttäuscht ist, ihr Geld nicht bei sich behalten zu können. Sie erklärte, dass sie ihre Neffen sehr gern hat und sie sich jedes Wochenende sehen. Sie kauft jedes Mal vorher etwas für die beiden und bringt es zum Besuch mit. Bei der Suche nach ihrem Warum kam zutage, dass sie sich durch die Mitbringsel die Liebe und Dankbarkeit der beiden sichern möchte. Das sieht doch sehr nach der ZWEI aus.

Ein anderes Beispiel: Ein Kollege, der auch Führungskraft ist, hat in seinem Büro eine lebensgroße Statue von Darth Vader stehen. Da weiß jeder gleich, was ihn bei einem Termin erwartet. Der Kollege ist schon rein körperlich betrachtet sehr dominant und passt nur schwer auf einen normalen Stuhl. Wenn er den Raum betritt, verstummen erst mal alle. Es würde mich nicht wundern, wenn sich bei einigen Kollegen sogar die Nackenhaare aufstellen und der Fluchtreflex aktiviert wird. Dieser Kollege ist natürlich eine ACHT.

Mir selbst fiel es schwer, mich bei einem dieser Typen zu finden. Ich schwankte im Wesentlichen zwischen EINS und FÜNF. Irgendwie waren mir beide nah, und ich konnte mich mit beiden identifizieren. Ich liebe Serien wie Dr. House, Monk und Bones wegen der so herrlich verschrobenen und sehr kopflastigen Hauptcharaktere. Da EINS und FÜNF aber weder Nachbarn (Flügel) sind noch eine direkte Verbindung über die Schmerz- und Trostpunkte haben, war ich hin- und hergerissen.

Hatte ich eine Identitätskrise? Oder hatte ich etwa gerade den noch nicht entdeckten ZEHNten Enneagrammtyp gefunden? Nein, es war weder das eine noch das andere, sondern viel einfacher. Durch ein weiteres Studium des Enneagramms bin ich auf eine Quelle[7] gestoßen, die genau diesen Konflikt aufzeigt: EINSer haben einen starken Sinn für zweckgerichtetes, sinnvolles Handeln und Denken. Dieser Sinn wird im Kopf der EINSer gegen den inneren Kritiker verteidigt. Der EINSer verbringt viel Zeit seines Tages in seinem Kopf und hat daher logischerweise den Eindruck, er gehöre zu den Kopftypen, also FÜNF, SECHS oder SIEBEN. Wichtig für die Bestimmung meines Typs ist auch hier das Warum gewesen. Warum denke ich so viel über Dinge nach? Als ich dem auf die Spur gekommen bin und über mich lernen durfte, dass meine Motivation darin liegt, es gut, sinnvoll und richtig zu machen, da lag es vor mir wie der

Stein der Weisen: Ich bin eine EINS. Darüber hinaus habe ich meinen ZWEIer-Flügel entwickelt, der es mir möglich macht, sehr empathisch zu sein und die Bedürfnisse anderer schnell zu erkennen.

Andererseits habe ich mich auch in den jeweiligen Stresspunkten wiedererkannt. Wie für die EINS typisch habe ich mich in Stresssituationen selbst bestraft. Mein Mittel insbesondere während des Studiums war Schlafentzug. Wenn ich nicht davon überzeugt war, dass ich richtig gelernt hatte, habe ich mich selbst bestraft und bewusst meine Nachtruhe unterbrochen, um 30- bis 45-minütige Lerneinheiten einzubauen. Als ich dann bei einem Besuch an der Universität Berkeley, Kalifornien, ein Banner gelesen habe, auf dem stand: «Schlaf ist für die Schwachen», habe ich mich noch bestärkt gefühlt. Ich wollte mir selbst beweisen, dass ich die Disziplin habe, die gesteckten Ziele zu erreichen. Der ZWEIer-Flügel hat dabei noch bewirkt, dass ich den Blick von mir weg hin zu anderen gelenkt habe. Ich habe andere angespornt, mehr zu lernen, Lerngruppen organisiert und anderen die Inhalte erklärt. Das Ergebnis des Ganzen ist, was ich heute als Selbstsabotage beschreibe: Die anderen hatten super Noten, weil ich es prima erklären konnte. Für mich selbst war in der Prüfung der Druck so groß, dass ich es nie unter die Top-5-Ergebnisse geschafft habe.

Ähnliches zeigte sich im Umgang mit Geld und dem Aufbau von Vermögen. Im Kopf hatte ich das verstanden. Schließlich bin ich diplomierte Volkswirtin und habe eine Bankausbildung gemacht. Aber auch hier hat mir die EINS mit ZWEIer-Flügel hineingefunkt. Zum einen wollte ich mich nicht falsch entscheiden. Schließlich sind Finanzentscheidungen wichtige Entscheidungen. So blieb ich bei den Standardprodukten, die es nicht mal schafften, die Inflation auszugleichen. Daneben meldete sich mein ZWEIer-Flügel, der ständig irgendwelche

Geschenke besorgt oder Kommilitonen zum Kaffee eingeladen hat. Fairerweise sage ich heute, dass ich mir damit Freundschaften sichern wollte.

Hätte ich damals schon das Enneagramm gekannt, wäre ich sicherlich anders an die Sache herangegangen. Umso dankbarer bin ich, heute meine Stress- und Trostpunkte zu kennen. Ich kann dieses Wissen gezielt einsetzen, um sehr gute Finanzentscheidungen treffen zu können. Und das funktioniert nicht nur bei der Kombination von EINS mit ZWEIer-Flügel.

Schauen wir uns nun in den folgenden Kapiteln an, wie wir Wohlstand in unser Leben ziehen, das heißt, wie wir zum Geldmagneten werden können.

03.
Was ist eigentlich Wohlstand?

Was bedeutet Wohlstand für Sie? Haben Sie sich schon einmal wirklich Gedanken darüber gemacht? Wenn ich Sie heute, genau jetzt in dieser Sekunde, frage, wann Sie reich sind?
Dann lautet Ihre Antwort:

....

....

....

Ja, ich lade Sie ein, bevor Sie weiterlesen, diese Frage zu beantworten. Sie können sich sicher vorstellen, dass Sie nur durch ein klares Ziel Ihren Kompass einstellen können. Der Kompass, mit dem Sie durch Ihr Leben gehen und auf die von Ihnen festgelegten Ziele zusteuern. Wenn Sie das Wohlstandsziel nicht festlegen, wird Ihr innerer Kompass nie darauf zusteuern können. Stellen Sie sich vor, wie Sie am Steuerrad Ihres Lebens stehen und Ihr Kompass auf die verschiedensten Ziele eingestellt ist. Irgendwo vor Ihnen am Horizont entdecken Sie eine Insel mit einem riesigen Goldschatz und einem großen Schild, auf dem Ihr Name steht. Würden Sie nicht gern dorthin fahren? Wenn Sie den Kompass nicht einstellen, wird Ihr Lebensschiff weiter umherfahren und diese Insel nie erreichen.

Im Folgenden definiere ich Wohlstand primär als finanziellen Wohlstand. Es ist ein Zustand, der einen zwanglosen Umgang mit Geld beschreibt, gepaart mit dem Gefühl der finanziellen Fülle. Finanzieller Wohlstand ist in dieser Definition kein Augenblick wie wenn beispielsweise eine Erbschaft auf Ihr Konto überwiesen wird oder Sie im Lotto gewonnen haben. Dieses Geld könnte in kürzester Zeit wieder weg sein. Frei zitiert nach George Bernard Shaw: «Der sicherste Weg, einen Menschen zu ruinieren, der keine Ahnung von Geld hat, ist es, ihm welches zu geben.»

„Geld allein macht nicht glücklich, aber ohne Geld ist man auch nicht glücklicher."

Der finanzielle Wohlstand, den ich beschreibe, verbindet ein Mindset mit einer finanziellen Ausstattung. Hiermit meine ich eine gute Aufstellung der Einnahmen und Ausgaben. Kein exzessives Hinterherlaufen von Geld, kein Geiz, kein Arbeiten bis zum Umfallen und keine illegalen Machenschaften. Es ist möglich, ein beträchtliches Vermögen aufzubauen, ohne dies auf Kosten der eigenen Gesundheit oder auf Kosten der Menschlichkeit zu tun.

Die Basis für die Wohlstandsüberlegung ist die recht trivial daherkommende Formel

$$E > A$$

Also Einnahmen größer als Ausgaben. Das ist logisch und simpel. Je größer die Zahl auf der linken Seite der Ungleichung und je kleiner die Zahl auf der rechten Seite der Ungleichung ist, umso mehr bleibt für den Vermögensaufbau übrig. Wenn Sie dieses Grundprinzip verstanden haben, und ich meine hier wirklich verstanden und verinnerlicht haben, dann steht Ihrem finanziellen Wohlstand nichts mehr im Wege. Vielleicht fragen Sie sich nun: «Warum sind dann nicht viel mehr Menschen reich?»

Schauen wir uns zunächst die Einnahmenreihe an. Bodo Schäfer, Autor, beschreibt es in einem seiner Bücher so:

> 87,30 Prozent verdienen weniger als 25.000 Euro
> 10,40 Prozent verdienen zwischen 25.000 und 50.000 Euro
> 1,60 Prozent verdienen zwischen 50.000 und 100.000 Euro
> 0,50 Prozent verdienen zwischen 100.000 und 250.000 Euro
> 0,10 Prozent verdienen zwischen 250.000 und 500.000 Euro
> 0,05 Prozent verdienen mehr als 500.000 Euro[8]

Was bedeutet das nun für unsere Formel? Wenn Sie genau aufgepasst haben, kennen Sie die Antwort: NICHTS. Tatsächlich spielt das Einkommen allein keine große Rolle. Wenn Sie sich nochmal die Formel vor Augen führen, wird es eindeutig. Wenn Sie im Jahr 250.000 Euro verdienen und jedes Jahr 245.000 Euro ausgeben, dann haben Sie vielleicht das Gefühl, ein schönes Leben in einem gewissen Luxus zu führen. Das sei Ihnen natürlich gegönnt. Zu Ihrem mittel- und langfristigen Wohlstand haben Sie aber nichts beigetragen. Überlegen Sie mal, was Sie früher gemacht haben, als Ihr Taschengeld von zwei auf drei Euro angehoben wurde. Haben Sie vielleicht auch beim Bäcker für ein Euro mehr Süßigkeiten gekauft oder sich nun regelmäßig eine Kinder-/Jugendzeitschrift geholt? Oder haben Sie den Euro, den Sie mehr bekommen haben, auf die Seite gelegt?

Wie ergeht es Ihnen heute, wenn Sie eine Gehaltserhöhung bekommen? Was passiert mit dem Mehr an Geld? Es ist so unglaublich einfach, dieses Geld mit auszugeben, vor allem wenn der Sprung auf dem Gehaltszettel nicht wirklich groß ist. Unser

Belohnungszentrum im Gehirn wird direkt angesteuert und freut sich: «Ja, das habe ich eh schon längst verdient. Nun kann ich mich endlich belohnen und mir etwas gönnen.» Wir gewöhnen uns an den neuen Lebensstandard, und am Verhältnis zwischen Einkommen und Ausgaben hat sich im Grunde nichts geändert. Gleiches gilt für Einmalzahlungen wie Urlaubsgeld, Weihnachtsgeld, oder die Familie steckt vielleicht mal etwas zu etc. Was tun Sie mit diesem Geld?

Vereinfacht ausgedrückt lässt sich sagen: Das Belohnungssystem in unserem Gehirn ist maßgeblich dafür, dass so wenige Menschen Wohlstand erreichen. Viele, viele Menschen schaffen es dadurch nicht, reich zu werden, obwohl sie lebenslang arbeiten und hin und wieder Gehaltserhöhungen bekommen. Erst wenn wir lernen, unser Belohnungssystem umzuprogrammieren und mit neuen Verhaltensweisen und Ideen zu füttern, wird es uns gelingen, signifikanten Wohlstand aufzubauen.

Überlegen Sie einmal, wie es wäre, wenn Ihr Belohnungssystem dann anspringt, wenn Sie **kein** Geld ausgeben, sondern es sparen. Sie würden sich mit diesem Verhalten selbst bezahlen und vermitteln: «Hey, ich bin wertvoll, deswegen investiere ich mein Geld zunächst in mich.» Wie fühlt sich das für Sie an? Nachvollziehbar oder weckt es eher Widerstand, weil es irgendwie egoistisch ist? Wenn Ihnen dieser Gedanke merkwürdig oder sogar absurd vorkommt, dann habe ich hier wohl einen Ihrer Glaubenssätze erwischt. Sollten Sie in Resonanz gegangen sein, lade ich Sie ein, kurz innezuhalten und zu Kapitel 15 zu springen. Machen Sie die Übung und kehren Sie dann hierher zurück.

Schauen wir uns nun die Herausforderungen auf der Ausgabenseite an. Es gibt auf der «A»-Seite viele Menschen, die ihre Ausgaben sehr stark heruntergeregelt haben. Sie leben geradezu puritanisch und sind sehr asketisch. Noch weniger auszugeben, geht schon fast nicht mehr. Sie leben sehr einfach und können trotzdem durchaus glücklich damit sein. «Ich brauche halt nicht viel», hört man hier oft. Wenn auf der anderen Seite der Ungleichung, nämlich bei den Einnahmen, auch nicht viel hineingegeben wird, weil die Einstellung zum Leben grundsätzlich weg vom Materiellen tendiert, dann wird es mit dem Wohlstand eher nichts werden. Die E > A-Ungleichung mag dann immer noch stimmen, die Werte auf beiden Seiten sind aber dermaßen niedrig, dass kein Vermögensaufbau möglich ist. Diese Art zu leben, ist eine Entscheidung jedes Einzelnen. Ich gehe davon aus, dass dieses Buch aber eher von Menschen gelesen wird, die sich für Vermögensaufbau und Wohlstand interessieren.

Dann gibt es natürlich noch jene Gruppe, die sich außerhalb der vorgestellten Formel bewegt und sich vielleicht eher bei

$$E = A$$

oder sogar

$$E < A$$

bewegt.

Bei E = A ist die Haushaltsplanung mit sehr heißer Nadel gestrickt. Alles, was an Einkommen reinkommt, wird ausgegeben und in der Regel konsumiert. Diese Situation tritt häufig bei Haushalten mit sehr niedrigen Einkommen auf oder dort, wo sogar Lohnersatzleistungen bezogen werden. Für die Betroffenen ist der Ausspruch «zum Leben zu wenig, zum Sterben zu viel» ganz treffend. Extras und Unvorhergesehenes sind kaum möglich und nur mit großen Kraftanstrengungen zu bewältigen. Das

Mangelgefühl ist ein ständiger Begleiter, und oft fehlt ein Plan, wie Einnahmen erhöht und/oder Ausgaben reduziert werden können.

„Der richtige Zeitpunkt, sich für Wohlstand zu entscheiden, ist jetzt."

Bei E < A ist die finanzielle Situation aus dem Ruder gelaufen. Es wird regelmäßig mehr ausgegeben, als vorhanden ist. Diese Situation kann auf alle Einkommensgruppen zutreffen. Es gibt viele berühmte Persönlichkeiten, die ein sehr hohes Einkommen haben und deren Ausgaben gleichzeitig noch höher sind, sodass sie sich verschulden. Ebenso gibt es viele Menschen mit Konsumschulden, da keine finanziellen Rücklagen da sind, um sich etwas zu kaufen. Manche bauen sich ein regelrechtes Netz an verschiedenen Finanzierungen auf, die sich untereinander ablösen. Ein Kartenhaus, das bei der kleinsten Störung in sich zusammenfällt. Es ist sicherlich schon schwierig genug, sich in dieser Situation zu befinden, daher möchte ich an dieser Stelle sagen: «Es ist keine Schande, Schulden zu haben.» Man sollte sich aber darum kümmern. Sie können heute entscheiden, die Verantwortung für Ihren Wohlstand zu übernehmen, auch wenn

Sie aktuell noch Schulden haben. Es ist nie zu spät, das Ruder herumzureißen und sich für einen anderen Weg zu entscheiden. Der Startpunkt scheint Ihnen vielleicht zu schlecht, aber tatsächlich haben Sie das größte Potenzial sich zu entwickeln.

Geben Sie nun aus dem Bauch heraus an, in welcher der drei Gruppen Sie sich aktuell befinden. Sie können gern später in Ihren Finanzunterlagen schauen, ob Ihr Eindruck richtig war. Jetzt geht es erst einmal darum, ein grobes Gefühl für die eigene Situation zu bekommen. Kreisen Sie ein: Aktuell befinde ich mich in Situation:

$$E > A$$

$$E = A$$

$$E < A$$

Wenn Sie beim Lesen in Resonanz gehen und sich ärgern, warum es bei Wohlstand um Geld geht und nicht um die wirklich wichtigen Dinge im Leben, wie Familie, Gesundheit und Glück, lade ich Sie ein, für einen kurzen Moment diesem Gedanken nachzugehen:

„Auch wenn ich Geld habe, kann ich ein tolles Familienleben haben, gesund und glücklich sein."

Es ist niemandem damit geholfen, wenn Sie in einem noblen Märtyrergedanken auf Ihr Recht auf Wohlstand verzichten. Überlegen Sie, was Sie mit Ihrer wunderbaren Art alles Gutes mit Geld in die Welt bringen können. Vielleicht liegt in der Resonanz der ein oder andere hinderliche Glaubenssatz aus der Vergangenheit dahinter. Können Sie sich erlauben, reich zu sein? Was würde dann passieren?

In Kapitel 15 schenke ich Ihnen einen Raum, in dem Sie Ihre persönlichen Glaubenssätze in Bezug auf Geld, Reichtum und Wohlstand überprüfen können. Sie können jetzt dorthin springen und später hierher zurückkehren.

„Stellen Sie Ihren Kompass auf Wohlstand ein."

Möchten Sie Ihren persönlichen Kompass auf Wohlstand einstellen? Bevor Sie etwas einstellen können, sollten Sie das Ziel möglichst genau definieren. Wie ist das, wenn Sie reich sind? Wie fühlt sich das an? Welche Bilder steigen in Ihnen auf? Haben Sie Bilder vor Ihrem inneren Auge? Prima, dann lade ich Sie ein, diese aufzumalen oder im Internet ähnliche Bilder zu finden und auszudrucken. Kleben Sie diese auf ein Blatt – damit haben Sie Ihr Ziel visualisiert und einen guten Ansporn.

Das Bild allein reicht aber noch nicht aus. Das ist ein wenig wie die Krux mit dem positiven Denken oder Manifestieren: Wünschen allein reicht nicht, es ist das TUN, was den Unterschied macht. Was ist «manifestieren» und wie funktioniert es? Manifestieren bedeutet grundsätzlich erst mal, etwas zu erschaffen. Durch Gedanken, Gefühle, Überzeugungen und Taten materialisiert der oder die Manifestierende etwas in seine oder ihre Realität. Viele kommen über das Stadium der Gedanken, Gefühle und Überzeugungen nicht hinaus. Um im Leben wirklich etwas nachhaltig zu verändern, ist es wichtig, am Ende etwas zu tun. Gerade in Social Media stolpere ich immer wieder über Sätze wie: «Schlechte Entwicklungen am Markt wollen wir uns gar nicht manifestieren.» Eine äußerst merkwürdige Herangehensweise in meinen Augen. Manifestieren heißt nicht, ich wünsche mir einfach ganz stark etwas und dann bringt es das Universum vorbei.

Damit Manifestieren wirklich funktioniert, sollten Sie diese Reihenfolge einhalten:

1. einen prägnanten Satz für sich formulieren und mehrmals täglich laut aufsagen
2. verinnerlichen, was es bedeutet
3. die nötigen Schritte erkennen
4. handeln

Manifestieren bedeutet also nicht, die Hände in den Schoß zu legen und darauf zu hoffen, dass etwas einfach so passiert, weil ich es möchte. Es geht in dem viel zitierten «Gesetz der Anziehung» darum, durch die Fokussierung auf Ihr Ziel Ihre Energie dahingehend zu aktivieren, dass Sie alles, was notwendig ist, dafür tun, ohne dass es Ihnen schwerfällt.

Wenn Sie diese Reihenfolge einhalten und sich immer mehr im wirklichen Manifestieren üben, haben Sie in Ihrem inneren Kompass die Zielnadel ausgerichtet. Das Schiff könnte nun Fahrt aufnehmen in Richtung Insel mit dem Goldschatz, aber es passiert nichts. Und nun?
Um loszufahren, sollten Sie den Anker lichten. Hört sich logisch an, ist aber leichter gesagt als getan. Denn der Anker steht für all die Erfolgsverhinderer in unserem Leben. Diese innere Stimme, die uns zweifeln lässt oder uns ablenkt. Es könnte ja auch viel mehr Spaß machen, mit dem Schiff kreuz und quer über das Meer zu fahren, als so langweilig auf ein Ziel zuzusteuern.

Die häufigsten Gründe, warum Menschen nicht reich und wohlhabend werden, liegen in ihrem Mindset. Wenn Sie die Übung in Kapitel 15 noch nicht gemacht haben, lade ich Sie ein, sich jetzt auszumalen, was Sie über Reiche denken. Wie sind sie so? In meinen Coachings erhalte ich oft die Rückmeldung, dass Reiche per se egoistisch sind, realitätsfremd und nur auf ihren eigenen Vorteil bedacht. Sie teilen nicht gern und sind arrogant. Sie halten sich für etwas Besseres und sitzen auf einem hohen Ross. Wäre es nicht schön, wenn sie mal jemand dort herunterholt und sie lernen, wie es im echten Leben ist? Sie stellen ihren Reichtum zur Schau, damit alle anderen sich schlecht fühlen. Haben Menschen einen beträchtlichen Wohlstand angehäuft, ist es bestimmt nicht mit rechten Dingen zugegangen.

Hatten Sie auch ähnliche Gedanken? Keine Sorge, Sie sind damit nicht allein. Wenn Sie nun aber mal ganz genau hinfühlen: Hört sich das für Sie nach jemandem an, der Sie sein möchten? Welche Gefühle steigen in Ihnen hoch? Ist das das erstrebenswerte Leben, von dem alle reden? Wenn Sie nun innerlich aufschreien: «Auf gar keinen Fall. Dann werde ich lieber nicht reich!», dann lehnen Sie in Ihrem Unterbewusstsein wohlhabend und reich sein ab. Die Wahrscheinlichkeit, dass Sie irgendwann einmal wohlhabend sein werden, ist dadurch ziemlich gering.

Sie können sich auch überlegen, was diese Gedanken mit Ihnen zu tun haben. Können Sie anderen ihren finanziellen Erfolg gönnen? Warum denken Sie so von Reichen? Wie wäre es, wenn Sie reich sind? Wären Sie dann auch so, wie oben beschrieben, oder ganz anders? Es gibt den alten Spruch: «Geld verdirbt den Charakter.» Glauben Sie das wirklich, oder ist an «Geld zeigt den wahren Charakter» vielleicht auch etwas dran? Haben Sie Angst, dass viel Geld aus Ihnen einen anderen Menschen macht? Dass Geld die schlechten Charaktereigenschaften in Ihnen hervorbringt?

Wie viele Reiche kennen Sie persönlich? Sind die so wie eben beschrieben? Ich kann sagen, dass ich einige sehr vermögende Menschen kennenlernen durfte, und ausnahmslos alle waren bereit, ihre Erfolgsgeschichte zu teilen. Und zwar nicht, um anzugeben, sondern damit andere davon lernen können. Wie wäre es, wenn Sie das nächste Mal einfach jemanden fragen? Ich selbst habe auf Wandertouren schon Menschen angesprochen, die vor großartigen Häusern in ihren Gärten standen: «Entschuldigen Sie, darf ich Ihnen eine kurze Frage stellen? Wie haben Sie das erreicht?» Und JEDER hat geantwortet. Seien Sie freundlich und offen für das, was als Antwort kommen kann. Sie werden zum einen unglaublich interessante Menschen kennenlernen und zum anderen können Sie aus erster Hand lernen. Der Mut nachzufragen, wird auf jeden Fall belohnt.

Ein weiterer wesentlicher Faktor, warum Sie bisher noch nicht so wohlhabend sind, wie Sie es gern wären, ist die Trägheit der Veränderung. Warum fällt es uns so schwer, uns zu verändern? Seine Handlungen zu verändern, kann sehr herausfordernd sein. Dies ist insbesondere dann der Fall, wenn wir uns etwas vornehmen, weil es für uns logisch erscheint, wir aber nicht wirklich an unserem Mindset gearbeitet haben. In jeder Situation bewerten wir mit unserem Verstand, ob sie zu unserer Entscheidung passt. Intuition? Fehlanzeige. Das ist auf Dauer überfordernd, und wir geben das Unterfangen irgendwann auf. Diese Falle tritt insbesondere bei all den guten Vorsätzen auf, die wir uns am Anfang eines neuen Jahres vornehmen.

„Der Mensch ist ein Gewohnheitstier."

Ohne die Veränderung im Mindset bleiben wir dort, wo wir uns auskennen. «Der Mensch ist ein Gewohnheitstier» hört man oft. Und da ist etwas Wahres dran, denn in der Gewohnheit fühlen wir uns sicher. Wir wissen im Großen und Ganzen ziemlich gut, was in bestimmten Situationen passiert, wie wir und andere darauf reagieren. Wir haben es uns hier komfortabel eingerichtet. Diese Zone nennt man daher auch Komfortzone. Sie ist im Wesentlichen geprägt von Routine. Die folgende Abbildung veranschaulicht das Konzept der Komfortzone, der Angstzone, der Macherzone und der Veränderungszone. Die Besonderheiten der einzelnen Bereiche werde ich nachfolgend detailliert beschreiben.

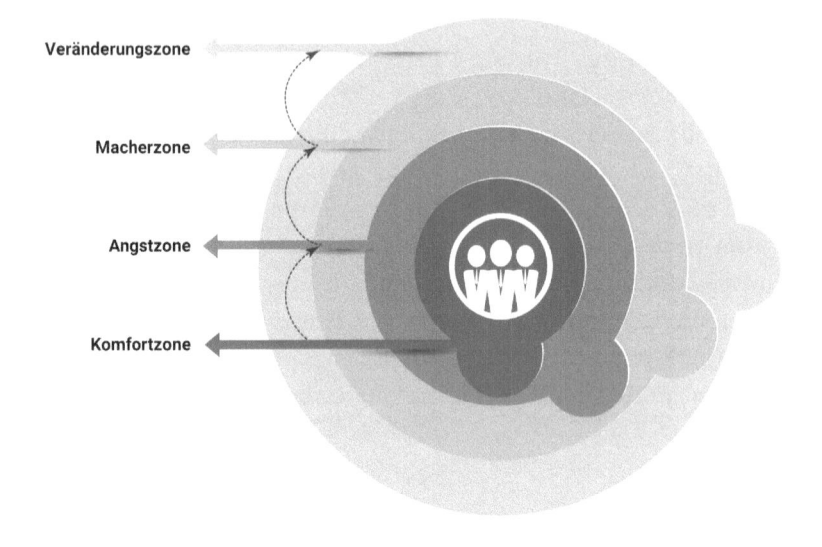

Abbildung 7: Entwicklungszonen

Die Komfortzone schützt uns vor zu viel Stress und Hektik und sorgt dafür, dass wir uns nicht ständig überfordern. Diese Sicherheit bezahlen wir mit einem Preis: Wir stagnieren. Warum das so schlimm ist? Lassen Sie mich hierzu eine Parabel aus der Natur wählen: Schauen Sie sich um. Alles um Sie herum ist Veränderungen unterworfen. Der Tag folgt auf die Nacht, die Natur folgt einem ständigen Kreislauf, und alles, was lebt, wächst.

Bleiben wir nun in unserer Komfortzone, nehmen wir uns das Mittel, das uns die Natur geschenkt hat: Wachstum. Wachstum durch Bildung. Wachstum unserer Persönlichkeit. Wachstum unseres Selbstwertes. Wachstum unseres Wertes für die Gemeinschaft.

Der Fluch der Komfortzone ist, dass sie über die Jahre von allein immer enger wird. Sicherlich kennen Sie auch Beispiele von Menschen, die mit der Zeit immer sturer, unflexibler und sogar störrisch geworden sind. Sie fühlen sich immer mehr vom Außen bedroht und stecken die Grenze ihrer Komfortzone immer wieder neu ab. Leider nach innen gerichtet. Was bedeutet das? Die Situationen, die uns als sicher und beherrschbar vorkommen, werden immer seltener. Die Welt wird bedrohlicher. Bezogen auf Finanzen bedeutet ein Verweilen in der Komfortzone, dass zum einen das Vermögen kaum wächst und zum anderen immer mehr Misstrauen entsteht und dadurch schlechte Entscheidungen getroffen werden.

Wachstum und Wohlstand liegen nicht in der Komfortzone. Wenn Sie bisher geglaubt haben, dass es reicht, dieses Buch zu lesen, um dann so weiterzumachen wie bisher, muss ich Sie enttäuschen. Um Wohlstand zu erreichen, benötigen Sie Mut. Mut, Ihre bisher gesteckten Grenzen zu verlassen und sich auf unbekanntes Terrain zu wagen. Das bedeutet, Sie lassen das, was Sie festhält, hinter sich und wagen sich Schritt für Schritt in die nächste Zone. Vielleicht hat Sie beim Lesen der vorangegangenen Zeilen schon ein Gefühl beschlichen, wohin es Sie führt, wenn Sie die Komfortzone verlassen.

„Wohlstand liegt nicht in der Komfortzone!"

Sie landen in der Angstzone. Hört sich nicht sehr ermutigend an, oder? Wer möchte schon gern Angst haben? Und das auch noch freiwillig? Veränderung und besonders eine Entscheidung von so großer Tragweite wie Wohlstand und finanzielle Unabhängigkeit zu erreichen, erfordert Aktivität. Sie dürfen den ersten Schritt in Richtung Angstzone machen. Informieren Sie sich beispielsweise über ein Finanzthema, das Ihnen bisher suspekt war. Oder beginnen Sie, sich mit anderen über Geldthemen auszutauschen. Aus der Deckung zu kommen, kann Angst machen. In der Angstzone fühlen wir uns unsicher und angreifbar. Wir sind keine Experten und fühlen uns anderen ausgeliefert. Plötzlich stellen sich auch Selbstzweifel ein: Ist das wirklich die richtige Entscheidung für mich? War es nicht vorher auch ok? Bin ich in der Lage, gute Finanzentscheidungen zu treffen? Bin ich überhaupt bereit, mich damit wirklich auseinanderzusetzen? Nach den Selbstzweifeln kommen die Ausreden: «Geld macht nicht glücklich», «Das letzte Hemd hat keine Taschen», «Geld verdirbt den Charakter» und so weiter und so fort. Machen Sie sich bewusst, dass Ausreden im Grunde nur Lügen sind. Sie belügen sich selbst und nehmen sich die Chance auf Wachstum und Wohlstand.

Je gefestigter die Motivation ist, aus der Komfortzone zu treten und Wohlstand zu erzielen, umso leichter können Sie die Angstzone durchschreiten. Es geht nicht darum, die Angst wegzudrücken, sondern sie eher als Ratgeber an Ihrer Seite wahrzunehmen. Die Angst zeigt Ihnen auf, wo Sie sich am meisten entwickeln können. Sie gibt die Richtung der nächsten Schritte vor, damit Sie nicht planlos werden. Viele, viele Menschen brechen an dieser Stelle ihren Wachstumsprozess ab und kehren zurück in ihre Komfortzone. Man kann es ihnen nicht verdenken, die Angstzone ist beängstigend, und nicht jeder hat Strategien, damit umzugehen. Es ist schließlich auch ganz einfach, nicht mehr weiterzugehen und umzukehren. Die Menschen um Sie herum werden Sie vermutlich noch anspornen, sich nicht zu weit herauszuwagen, denn auch sie spüren die Angst. Wenn Sie wirklich Wohlstand erreichen möchten, aber bisher noch nicht über die Angstzone hinausgekommen sind, empfehle ich Ihnen, sich Beistand zu holen. Dieser kann vielfältig sein: Sie können sich in Ihrem Bekanntenkreis umsehen. Wer ist schon da, wo Sie gern wären? Nehmen Sie Kontakt zu dieser Person auf. Wenn Sie dort nicht fündig werden, erweitern Sie den Personenkreis. Recherchieren Sie. Sie werden mit Sicherheit jemanden finden. Jetzt heißt es dranbleiben und die Angstzone als das erkennen, was sie ist: ein Übergang. Das Leben fragt quasi nach, ob Sie es wirklich ernst meinen mit Ihrem Vorhaben. Wenn Sie überzeugt sind, können Sie die Veränderung in Ihrem Mindset schaffen.

Sie treten nun ein in die Macherzone. Ich liebe diese Zone. Sie ist voller Energie und Selbstvertrauen. In dieser Zone wissen wir, wir haben die Angst hinter uns lassen können. Wir haben uns nicht vom Weg abbringen lassen und können lächelnd und voller Stolz auf den Weg zurückschauen. Diesen Weg kann uns niemand abnehmen. Und das ist gut so. Das bedeutet Wachstum und Persönlichkeitsentwicklung. In dieser Phase lernen wir leichter, denn wir sind auf unser Ziel fokussiert. Die Herausforderung dieser Zone liegt darin, sich nicht in den Unmengen an Möglichkeiten zu verlieren. Fokus ist das Zauberwort. Welche Schritte sind nötig, um schlussendlich die Veränderung in die

Tat umzusetzen? Der Mensch wird am stärksten durch seine Taten wirksam. Wohlstand wird sich nur einstellen, wenn Sie etwas dafür tun und nicht nur, wenn Sie darüber nachdenken, was man tun könnte. Spätestens in der Macherzone empfiehlt es sich, mit dem Schreiben eines Erfolgsjournals zu beginnen. Dies wird Ihnen zusätzliche Energie für die Umsetzung geben. Für ein Erfolgsjournal können Sie sich einfach ein leeres Notizbuch besorgen. Auf die erste Seite schreiben Sie gern ein Ziel, das Sie beispielsweise in einem Jahr erreicht haben möchten. Ab der zweiten Seite beginnen Sie dann, jeden Tag mindestens fünf Erfolge zu notieren. Dies können große Erfolge sein, anhand derer Sie merken, dass sich wirklich schon etwas getan hat. Es können aber auch kleinere Erfolge sein, beispielsweise wenn Sie jeden Tag frisch und gesund kochen oder die Betten gemacht haben. Sie werden merken, wie viele Erfolge Sie eigentlich über den Tag hinweg erzielen, ohne dass Sie sie bewusst wahrnehmen und würdigen. Sie gehen im Alltag und der Routine einfach unter. Das Erfolgsjournal holt all diese Erfolge in die Sichtbarkeit und wird – wenn Sie es regelmäßig befüllen – wesentlich dazu beitragen, Ihr Selbstwertgefühl und das Vertrauen zu erhöhen, dass Sie Ihre Vorsätze und Ideen in die Tat umsetzen können.

Die letzte Zone ist die Veränderungszone. Hier haben Sie Ihre Entscheidungen umgesetzt und Ihr Mindset richtig aufgestellt. Sie haben den Kompass Ihres Lebensschiffs ausgerichtet, den Anker gelichtet, sind losgefahren und angekommen. Durch unsere Handlungen verändern nicht nur wir uns. Wir wirken immer. Eine Veränderung der Einstellung führt zu einer Veränderung unserer Taten und damit auch, wie wir auf andere wirken. Andere werden die Veränderung an uns bemerken, vielleicht sogar schneller, als es uns selbst bewusst wird. Wenn wir uns in der Veränderungszone ausgelebt haben, wird diese zu unserer neuen Komfortzone. Wir können im Vergleich zu vorher mit einer Vielzahl an Situationen umgehen, wir haben gelernt und uns weiterentwickelt. Wir haben Erfolge erzielt. In dieser neuen Komfortzone können wir uns feiern und anerkennen, dass wir unsere Grenzen deutlich erweitert haben.

„Wir wirken immer."

Doch natürlich hört das Leben dann nicht auf. Es werden neue Ziele und Herausforderungen in unser Leben treten. Wir werden merken, dass wir diesen nicht gewachsen sind, wenn wir bleiben, wie wir aktuell aufgestellt sind. Die neue Angstzone wartet. Je mehr wir uns in Veränderung und Entwicklung üben, umso leichter fällt es uns, diese Zone souverän zu meistern. Vielleicht zeigen sich die alten Ängste wieder, vielleicht auch ganz andere. Durch die Erfahrung werden Sie immer mehr Selbstvertrauen aufbauen. Auch weil Sie sich immer mehr Ihrer selbst bewusst werden. Sie haben Selbstbewusstsein.

Wie Sie sehen, gibt es unendlich viele Erfolgsverhinderer, die uns davon abhalten, unseren Anker zu lichten. Jeder Enneagrammtyp ist in unterschiedlicher Weise für diese Ablenkungen und Ausreden anfällig. Die Bereitschaft, die Komfortzone zu verlassen und sich aktiv zu verändern, ist auch unterschiedlich ausgeprägt. In den folgenden Kapiteln schauen wir uns jeden Typ mit seinen individuellen Herausforderungen und Bewältigungsstrategien ganz ausführlich an.

04.

Der Wohlstand der **ACHT**

Widmen wir uns nun den Enneagrammtypen und ihren unterschiedlichen Wegen zum Wohlstand. Wir beginnen mit Typ ACHT, da es der erste Typ der Bauch- bzw. Wutenergie ist, und gehen dann im Uhrzeigersinn weiter.

Wie Sie bereits wissen, hängt es bei jedem Enneagrammtyp davon ab, mit welcher Energie er durchs Leben geht. Je nachdem, auf welchem Energielevel die ACHT im Leben steht, kann sie unterschiedliche Verhaltensweisen zeigen.
Rekapitulieren wir noch einmal die Wesenszüge der ACHT.

Unreife ACHT: Sie macht sich ihre eigenen Gesetze und setzt diese notfalls auch mit Gewalt um. Sie ist sehr angriffslustig und fordert andere gern heraus. Ihre teilweise auch körperliche Überlegenheit verführt sie dazu, sich für unbesiegbar zu halten. Sie nimmt diktatorische Züge an und weist andere Meinungen zurück. Die unreife ACHT entwickelt im Extremfall soziopathische Züge und kann eine Gefahr für andere sein.

«Normale» ACHT: Sie sorgt sich um finanzielle Unabhängigkeit und darum, ausreichend (eigene) Ressourcen zu haben. Sie fühlt sich anderen überlegen und sucht jede Möglichkeit, ihren Willen durchzusetzen. Durch Einschüchterung schafft sie sich eine Gefolgschaft, die ihre Autorität anerkennt. Wer nicht spurt, wird bestraft. Sie ist bereit, Risiken einzugehen und hart für ihre Vision zu arbeiten.

Reife ACHT: Sie verkörpert das, was wir allgemeinhin unter einem Helden verstehen: Mutig stellt sie sich den Gefahren, immer bereit, sich für die Schwächeren einzusetzen. Durch ihre Ausstrahlung allein wird sie von anderen als Autorität anerkannt. Andere folgen ihr gern, da sie eine «alles ist möglich»-Einstellung hat. Sie ist der natürliche Anführer.

„Es ist mir egal, wie viel Geld du hast."

Queen Latifah, Sängerin

Die ACHT ist in all ihren Ausprägungen an Geld interessiert, da Geld ein wesentliches Mittel ist, um sich durchzusetzen. Nicht umsonst heißt es: «Geld ist Macht». Die ACHT hat diese Dynamik verstanden und weiß sie für sich einzusetzen. Sie übernimmt Verantwortung für ihren finanziellen Erfolg und Misserfolg. So sagt Jack Nicholson, Schauspieler, über sich: «Ich habe Geld verloren und ich habe Geld verdient. Finanziell gesehen, kenne ich mich aus.» Es würde der ACHT nicht einfallen, für Erfolg oder Misserfolg jemand anderen zu benennen oder sich gar in die Opferrolle zu begeben. Dies würde bedeuten, Kontrolle und Macht abzugeben.

Einkommen: die ACHT im Berufsleben
Die ACHT liebt es, Dinge zu schaffen, die für andere unmöglich erscheinen. Beruflich ist sie oft die Wunderwaffe, die eingesetzt wird. Sie weiß auch, wo sie bei anderen Menschen ansetzen muss, um diese ins Handeln zu bekommen und Ergebnisse zu erzielen. Diplomatie gehört dabei aber nicht zu ihren Stärken. Beruflich und privat legt die ACHT viel mehr Wert darauf, respektiert als gemocht zu werden. Hierbei vertraut sie wieder am meisten auf sich selbst und sorgt dafür, dass sie den Respekt erhält, den sie in ihren Augen verdient. Sie übernimmt bereitwillig die Führung und gibt gern den Ton an. ACHTer sind häufig im oberen Management zu finden, aber auch in der Selbstständigkeit. Sie erkennen die Schwachpunkte anderer sehr schnell und zielsicher. Wenn das Gegenüber versucht, seine Schwäche zu vertuschen oder gar anzugeben, liebt die ACHT es, diese Person von ihrem hohen Ross herunterzuholen.

Als ich als Trainee in einer Bank gearbeitet habe, gab es in der Nachbarabteilung eine Bereichsleiterin, die eine ACHT war. Es war bemerkenswert: Diejenigen, die in ihrem Team gearbeitet haben, genossen Schutz vor jedweder Kritik von außen. Nach innen hingegen war sie hart und fordernd und konnte sehr bissig werden, wenn die Abteilung von einer anderen kritisiert wurde. Sie hätte jedoch nie ein schlechtes Wort über ihr Team verloren. Das Donnerwetter gab es dann hinter verschlossenen Türen. Dennoch waren die Mitarbeiter bei ihr zufrieden, denn sie wussten, dass sie eine starke Anführerin ist, die sie gegen äußere Widrigkeiten und Anfeindungen verteidigen würde. Hier galt definitiv das Motto: «Wer nicht für mich ist, ist gegen mich.» Sie hat sich das Team aus SECHSern und EINSern zusammengesetzt, um eine loyale, ergebene Truppe zu haben, die sehr gewissenhaft arbeitet. Manchmal bekam ich schon fast den Eindruck, dass sie sich ein eigenes kleines Reich mit Untertanen zurechtgebastelt hat. Die Abteilung hat viele großartige Ergebnisse erzielt. Die Mitarbeiter waren sehr engagiert, jeder hat bereitwillig Überstunden gemacht. Themen wie Väter in Elternzeit, Teilzeit generell, Sabbatical oder Diskussionen, wer wann in den Urlaub geht, hat es dort nicht gegeben. Es war klar, wer dort arbeiten möchte, gibt 110 Prozent oder noch mehr. Punkt. Jedoch ist sie langfristig mit ihrer sehr dominanten und teilweise arroganten Art nicht gut gefahren. Ihr Ziel war klar: Sie wollte in den Vorstand des Konzerns, und es gab sehr viele, die ihr das auch zugetraut haben. Jedoch wurde jemand anderes benannt. Zu groß waren wohl die Differenzen im oberen Management, da sie sich partout nicht einfügen oder anpassen wollte. Als sie gegangen ist, blieben die Teamkollegen wie in einem Vakuum zurück. Ratlosigkeit und sogar eine Art Trauer machten sich dort breit. Letztendlich wurde das gesamte Team aufgelöst und auf andere Abteilungen verteilt.

Viele ACHTer suchen die Verantwortung und ergreifen daher gern Führungsrollen – sowohl als Angestellte als auch als Unternehmer. Häufig arbeiten ACHTer auch als Anwälte oder sind im Leistungssport zu finden.

Konsumverhalten der ACHT

Die ACHT ist empfänglich für alle Produkte, die das Image der vermeintlich Mächtigen festigen. Je nachdem, in welchem Milieu sich die ACHT bewegt, wird sie sich stets mit den Insignien der Macht umgeben und dafür entsprechend tief in die Tasche greifen. In ihrer Umgebung wird die ACHT immer versuchen, die Rolle der Leitfigur einzunehmen. Dies gilt für das berufliche Umfeld ebenso wie im privaten. Sie ordnet sich grundsätzlich nicht gern unter und hat immer im Blick, ob es irgendwo eine Abkürzung auf dem Weg nach oben gibt. Diese Abkürzungen können auch in Form von materiellen Zuwendungen daherkommen.

Je nach Milieu wird die ACHT insbesondere äußerlich darauf achten, sich abzugrenzen. Wenn eine ACHT beispielsweise in einer Firma Mitarbeiter ist und die Mitarbeiter in legerer Kleidung kommen dürfen, die Chefs aber im Anzug, wird man auch die ACHT im Anzug antreffen. Sie ist gedanklich schon einen Schritt weiter, und in Bezug auf ihr Konsumverhalten bedeutet dies, dass sie dafür tiefer in die Tasche greift – in diesem Fall für einen Anzug – als Menschen auf der gleichen Ebene.

Ein weiteres Beispiel sind die hohen Ausgaben für Statussymbole. So kennen Sie sicherlich das Bild des Kopfs einer Motorrad-Gang. Natürlich wird der Chef des Clubs die Maschine fahren, mit der er von allen anderen bewundert und respektiert wird. Diese Typen sind ziemlich häufig ACHTer, und sie würden sich niemals mit dem Zweitbesten zufriedengeben.

Nicht nur durch ihr Verhalten wollen ACHTer dominieren. Sie neigen auch dazu, sich körperlich ebenso zu entwickeln. Unterbewusst nehmen sie damit gleichsam mehr Raum ein, als sie anderen zugestehen. Sie sind oft optisch schon eine Erscheinung. ACHTer neigen dazu, ihre körperlichen Bedürfnisse und Grenzen zu ignorieren. Sie sind völlig auf ihr jeweiliges Ziel fokussiert und gönnen sich kaum Pausen. Daher sind sie eher anfällig für Fast Food und Alkoholkonsum. Sehr oft finden sich unter den ACHTern starke Raucher. Dies ist ihr Ventil, um Stress abzubauen.

Die ACHT kümmert sich um Hilfsbedürftige und Schwächere. Hier ist sie bereit, zu spenden und von ihren finanziellen Mitteln abzugeben. Aber immer nur in dem Maße, in dem die anderen weiterhin hilfsbedürftig im Vergleich zu ihr selbst bleiben. Die ACHT verschenkt ihr Geld nicht wahllos, sondern verfolgt auch hier das Ziel, ihre Macht auszubauen. Sie ist eher bereit, einem wirtschaftlichen Club (Rotary Club, Lions Club etc.) etwas zu spenden als dem Bettler auf der Straße. Die ACHT weiß Spenden zielgerichtet einzusetzen, um auf einer anderen Seite einen Nutzen ziehen zu können. Typischerweise sind dies Zahlungen an Vereine der eigenen Kinder, Spenden für die Erforschung von Krankheiten, an denen die ACHT oder ein naher Verwandter leidet, und ähnliche Beispiele.

Erst im reifen Zustand schafft es die ACHT, die Liebe zur Macht hin zu einer Macht der Liebe zu transformieren. Hier wird sie nicht mehr ihr Geld einsetzen, um die Macht zu erweitern oder gar zu manipulieren. Sie lässt sich von ihrer inneren Stärke leiten und wird paradoxerweise genau dadurch sehr viel mehr Menschen erreichen und beeinflussen.

Investitionsverhalten der ACHT
Die ACHT möchte in jedem Fall selbstständig bleiben. Sie geht

ungern Kooperationen ein, da sie den Verlust ihrer Autonomie fürchtet. Sie möchte insbesondere finanziell unabhängig sein und kann mehrere Finanzthemen gleichzeitig bespielen. Da sie auch hier in ihrem Muster von starker Intensität und Maßlosigkeit agiert, neigt sie eher zu riskanten Entscheidungen.

Fühlt sich die ACHT gut informiert, hält sie mit ihrem Wissen und ihrer Meinung nicht lange hinter dem Berg. Der Gesprächspartner sollte gut gewappnet sein und ein starkes Rückgrat haben, wenn er die Meinung einer ACHT ändern möchte. Auf gar keinen Fall möchte die ACHT, dass sie von anderen übervorteilt oder sogar kontrolliert wird. Je stärker ihr Bedürfnis nach Macht ist, umso weniger wird sie selbst gut gemeinte Tipps annehmen.

Da die ACHT eher misstrauisch ist und stets das dumpfe Gefühl hat, dass ihr jemand etwas Böses will, behindert sich die ACHT manchmal selbst in ihren Finanzentscheidungen. Informationen, die von anderen kommen, betrachtet sie erst einmal kritisch und prüft sie auf ihren Wahrheitsgehalt. Gerade typische Verkäufer, die gern mit mehr Schein als Sein ihre Produkte vertreiben, haben bei einer ACHT schlechte Karten. Nicht selten werden sie von ihr komplett demontiert, und von dem schönen Produkt bleibt schließlich nichts übrig. Zur Veranschaulichung betrachten Sie folgende zwei Szenarien:

Szenario 1

ACHT: «Einfach furchtbar! Also, dieser Fonds, den Sie mir empfohlen haben, ist doch nichts. Die Zusammenstellung der Werte könnte von einem Kindergartenkind sein. Dahinter steckt doch kein professionelles Management.»

Verkäufer: «Also, so kritisch sehe ich das nicht. Der Fonds hat gezeigt, dass er in den vergangenen Jahren eine gute Rendite hingelegt hat. Irgendwann in den letzten Monaten wurde der Fonds sogar in einer Zeitschrift erwähnt, ich glaube, es war das ‚Manager Magazin'. Außerdem hat der Asset Manager durchaus viel Erfahrung. Ich halte das für ein gutes Investment.»

ACHT: «So? Halten Sie das? Dann erzählen Sie mir doch mal, wie viel Sie persönlich hier investiert haben.»

Verkäufer: «Ich? Ähm ja, also so direkt bin ich selbst nicht investiert, aber unsere Kunden…»

ACHT: «Aha, habe ich es mir doch gleich gedacht. Sie erzählen mir hier etwas, von dem Sie keine Ahnung haben. Was interessieren mich denn Ihre anderen Kunden? Die haben vielleicht auch alle keine Ahnung und sich etwas aufschwatzen lassen. Wir sprechen wieder, wenn Sie Ihre Hausaufgaben gemacht haben.»

Szenario 2
ACHT: «Einfach furchtbar! Also, dieser Fonds, den Sie mir empfohlen haben, ist doch nichts. Die Zusammenstellung der Werte könnte von einem Kindergartenkind sein. Dahinter steckt doch kein professionelles Management.»

Verkäufer: «Ach, ich wusste ja gar nicht, dass Sie auch in der Finanzbranche tätig sind. Der Fonds hat mit 9,4 Prozent Rendite im vergangenen Jahr nochmal deutlich zu den Vorjahren zugelegt, was seinem absolut professionellen Management zu verdanken ist. Peter Twait ist bereits seit zwanzig Jahren für den Fonds zuständig und hat sich ein Team von Experten zusammengestellt, die jederzeit die Marktfenster beobachten und den Fonds optimieren. Darüber hinaus ist die Zusammensetzung aus diversifizierten Branchen in den Wachstumsmärkten Europas absolut überzeugend. Ich kann nicht verstehen, wie man diesen Fonds nicht gut finden kann.»

Schweigen.

ACHT: «Touché.»

Die ACHT lächelt, trinkt einen Schluck Kaffee, und die beiden unterhalten sich noch eine Weile über verschiedene Investitionsformate.

Haben Sie die unterschiedliche Energie in diesen beiden Situationen bemerkt? Die ACHT fordert ihr Gegenüber heraus, um zu erfahren, wie ehrlich die erhaltenen Informationen sind und wie sie diese für sich bewerten kann. Der Verkäufer, der in dem Moment nicht standhaft und schlecht über das Produkt informiert ist, fängt an zu schwimmen und verliert die Kontrolle über das Gespräch. Wer der ACHT nicht ebenbürtig gegenübertritt, kann nicht erwarten, von ihr ernst genommen zu werden. Die ACHT kann austeilen, aber auch einstecken.

Für ihre Investitionsentscheidungen braucht die ACHT klare Informationen und kein unnötiges Drumherum. Am liebsten schaut sie sich sogenannte Fact Sheets und Grafiken an. Da für die ACHT der Spruch «Zeit ist Geld» zählt, schaut sie, dass sie die wahren, ungeschönten Informationen so effizient wie möglich erhält. Sie braucht auch keine Aufwärmphase für die Investitionsentscheidung oder eine emotionale Bindung zum Verhandlungspartner. Für die ACHT zählt, ob sie das Gefühl hat, die Situation unter Kontrolle zu haben, und dass sie so weit wie möglich an unverfälschte, echte Informationen gelangt.

Da die ACHT grundsätzlich ein großes Interesse an Autonomie und Selbstbestimmung hat, wird sie Investitionen bevorzugen, bei denen sie selbst über Kauf und Verkauf entscheiden kann, und weniger solche mit langen Bindungsfristen. Die ACHT wird darüber hinaus bereit sein, Risiken einzugehen, wenn sie sich gut informiert fühlt. Dadurch schafft es die ACHT, höhere Renditen zu erzielen und ihr Vermögen zu vermehren.

ACHTer haben gern ausreichend Geld und sehnen sich nach Autonomie in finanziellen Dingen. Sie streben daher hohe Positionen in ihrer Karriere an und sind eher bereit, sich selbstständig zu machen. Sie verfolgen ihre Ziele hartnäckig und sind sehr umsetzungsstark. Hierdurch schafft es die ACHT,

Geld anzusammeln und es auf der anderen Seite sinnvoll zu investieren. Sie ist bereit, Zeit zu investieren, um sich um ihre Geldangelegenheiten zu kümmern. Nicht selten übernehmen ACHTer in einer Familie die Rolle des «Finanzministers» und haben den Überblick über alles Finanzielle im Haushalt.

Wird die ACHT ihrer Ansicht nach betrogen oder falsch beraten, sinnt sie nach Rache und Vergeltung. Diese kann durchaus subtil und erst zu einem viel späteren Zeitpunkt erfolgen. «Rache genießt man am besten kalt» ist ein bekanntes Sprichwort, das die ACHT und ihre Taktik gut beschreibt.

Wohlstandsstrategien der ACHT
Haben Sie sich in der Beschreibung der ACHT wiedererkannt? Die ACHT bringt für den Weg zum Wohlstand eine große Menge vorteilhafter Eigenschaften sowie viel Energie und Durchsetzungskraft mit. Damit Sie Wohlstand aber tatsächlich erreichen, ist es wichtig, dass Sie sich nicht nur darauf konzentrieren, Geld zu verdienen, oder darauf, wie Sie aus allem einen Vorteil schlagen können. Vergessen Sie nicht, dass Sie Teil einer Gemeinschaft sind und es nicht in jeder Situation darauf ankommt, recht zu haben und sich durchzusetzen. Langfristig werden Sie erkennen, wie Sie Wohlstand erreichen können, gerade indem Sie auch auf Ihre anderen Bedürfnisse eingehen und die Meinung anderer Menschen respektieren lernen. Die nachfolgenden zehn Punkte sind ein Startpunkt für Sie, als ACHT direkt loszulegen und einen neuen Pfad für Wohlstand einzuschlagen. Einen Pfad, bei dem Sie nicht nur finanziell wachsen, sondern auch persönlich.

1. Achten Sie auf Ihre Gesundheit. Sie können Reichtum auch vermehren, ohne sich selbst zu verleugnen.
2. Beziehen Sie andere ein – sie können auch gute Ideen haben.
3. Vermehren Sie Ihren Reichtum nicht willentlich auf Kosten anderer.
4. Üben Sie sich in Vertrauen, fangen Sie erst einmal mit kleinen Dingen an und schauen Sie, wie Sie sich damit fühlen.
5. Spenden Sie gelegentlich an Institutionen, von denen Sie sich keinen persönlichen Vorteil erhoffen.
6. Nehmen Sie sich Zeit für folgende Übung und schreiben Sie auf: «Wer bin ich ohne Geld?»
7. Mäßigung ist eine Tugend und keine Einengung.
8. Es braucht Mut, sich seine Schwächen einzugestehen. Notieren Sie drei persönliche Schwächen.
9. Unternehmen Sie am kommenden Wochenende etwas total Kindisches oder Albernes und spüren Sie dabei die von früher bekannte kindliche Freude.
10. Setzen Sie Geld und Ihr Händchen für Finanzen nicht als Druckmittel gegen andere ein.

05.
Der Wohlstand der **NEUN**

Wohlstand und Geld sind für die NEUN ein eher schwierig zu greifendes Thema. Geld hat zwar eine gewisse Faszination, aber es ist vielmehr Mittel zum Zweck. Es gibt auch meistens keinen konkreten Plan, wie man zu Geld kommt, geschweige denn, wie man es einsetzt. Walt Disney, Filmproduzent, fasste es so zusammen: «Geld ist einfach nicht aufregend.» Für NEUNer ist Geld zu abstrakt, und es erscheint ihnen ungemein schwierig, den Überblick zu behalten, geschweige denn gute finanzielle Entscheidungen zu treffen.

Die NEUN denkt nicht in Entweder-oder-, sondern vielmehr in Sowohl-als-auch-Kategorien. Dies symbolisiert sich in dem asiatischen Yin-Yang-Zeichen. Es beschreibt sehr schön das Lebensmotto der NEUN: die Dualität in der Welt und in sich selbst, die Harmonie als anzustrebendes Ziel zur Vervollständigung der Welt und der Menschen.

Abbildung 8: Yin und Yang

Schauen wir uns nun die NEUN in ihren drei Energieleveln an, um zu verstehen, was aus ihrer Sicht die Motive für Konsum und Investition sind.

Unreife NEUN: In ihrer niedrigsten Energie kann die NEUN sich komplett in ihr Schneckenhaus zurückziehen. Die Furcht vor Konflikten wird so groß, dass sie sich von der realen Welt abschottet. Sie flüchtet sich in eine geistige, dumpfe Welt, in der sie sich von sich selbst entkoppelt. Eigene Bedürfnisse und Gefühle werden verleugnet. Stattdessen können schizophrene, multiple Persönlichkeitsstörungen entstehen.

«Normale» NEUN: Sie fürchtet sich vor Streit und Konflikten. Sie sagt zu allem «Ja», um niemanden vor den Kopf zu stoßen. Die Bedürfnisse anderer scheinen immer etwas wichtiger zu sein als die eigenen. Sie ordnet sich selbst bereitwillig unter. Es fällt ihr schwer, eine Meinung zu entwickeln oder sich auf etwas festzulegen. Sie befindet sich immer in der Mitte, im unscheinbaren Raum. Sie ist wie ein Fisch, den man mit bloßer Hand zu greifen versucht.

Reife NEUN: Sie ruht in sich und ist zu tiefgehenden Beziehungen zu anderen fähig. Emotional ist sie sehr ausgeglichen und sieht die Leichtigkeit im Leben. Sie vertraut sich selbst und anderen. Es fällt ihr leicht, in allem das Gute und Verbindende zu sehen. Ihr Optimismus und ihre unaufgeregte Art bringen Ruhe und Harmonie in Gruppen. Sie ist ein ausgezeichneter Mediator.

Eine NEUN tut sich besonders auf der Einnahmenseite schwer. Sie kann sich selbst oder Produkte nicht gut verkaufen, da es auf die andere Person wie eine Konfrontation wirken könnte. Sie möchte auf keinen Fall aufdringlich sein, und so passt sie sich lieber ihrem Gegenüber an. Haben Sie schon eine NEUN bei einem Flohmarkt gesehen? Wenn die NEUN ihre Waren verkaufen möchte, und ein Kunde fragt: «Was soll das kosten?», antwortet sie mit einer Gegenfrage: «Was sind Sie denn bereit zu zahlen?» In den seltensten Fällen verhandelt sie dann noch, meist erhält der Kunde den Preis, den er genannt hat.

„Geld ist kein wesentlicher Motivator in meinem Leben"

Kevin Costner, Schauspieler

Damit sich eine NEUN in ihrem Verhalten verändert, muss einiges passieren. Von Natur aus ist die NEUN eher träge, wenn es um Veränderungen geht. In ihrem Selbstbild ist sie grundlegend zufrieden. Diese Zufriedenheit blockiert die NEUN in ihrer Entwicklung, da sie die Notwendigkeit für Veränderung einfach nicht erkennt.

Um für die NEUN eine Motivation zur Veränderung zu schaffen, darf sie sich überlegen, wie unbequem die Zukunft werden könnte, wenn sie sich beispielsweise nicht aktiv um ihre Finanzthemen kümmert. Etwas Zeit und Energie, die heute investiert wird, zahlt sich in der Zukunft um ein Vielfaches aus und ermöglicht ein sorgenfreieres Leben. Um sich einen gewissen Wohlstand aufzubauen, bedarf es einer klaren Zielsetzung. Dies gilt von allen Typen am meisten für die NEUN. Ist der Wunsch nicht tief bei ihr angekommen, wird es vielleicht ein paar halbherzige Versuche geben. Vielleicht führt sie auch versuchsweise für einen Monat ein Haushaltsbuch. Doch dann schleicht sich wieder der Satz ein: «Wozu das Ganze? Eigentlich bin ich doch zufrieden.» Und schon rutscht die NEUN wieder in ihre alten Muster zurück. Dann fallen ihr auch ganz schnell die besten Ausreden ein wie beispielsweise: «Das letzte Hemd hat keine Taschen», «Wenn ich Geld bekomme, verliert es jemand anderes – das möchte ich nicht», «Geld verdirbt eh den Charakter» und so weiter.

Whoopie Goldberg, eine berühmte und sehr erfolgreiche Schauspielerin, Enneagrammtyp NEUN, musste schmerzhaft lernen, dass es wichtig ist, sich mit Geld auszukennen. Sie hat durch ihr besonderes Talent viele gut bezahlte Rollen bekommen, hatte auf der anderen Seite aber auch sehr hohe Kreditkartenschulden. Als dann die Steuerzahlungen fällig waren, war so gut wie nichts mehr übrig. Sie selbst sagt heute: «Du musst wissen, was dein Geld tut. Es gab eine Zeit, in der ich nicht aufgepasst habe, und mein Geld ist verschwunden.»[9]

Wir alle tun uns mehr oder weniger schwer mit Veränderungen unserer jahrelang geübten Verhaltensmuster. Dieses blockierende Verhalten ist in diesem Ausmaß aber speziell typisch für die NEUN und gilt für jede Art von guten Vorsätzen: so wie jedes Jahr überlegt wird, mehr Sport zu machen oder einen Kurs zu besuchen, ein Instrument zu lernen, die Hecke im Garten zu schneiden oder, oder, oder. Am Ende des Jahres hat die NEUN vielleicht gerade mal etwas begonnen, aber dann doch wieder abgebrochen. Es ist einfach, etwas zu beginnen; aber auch einfach, es wieder sein zu lassen. Die NEUN tendiert dazu, kleine Probleme so lange liegen zu lassen, bis sie sich zu großen Problemen entwickelt haben, und dann kommt sie notgedrungen ins Tun.

Die Beschreibung soll nicht bedeuten, dass die NEUN per se faul ist. Es ist mehr eine Art Trägheit. Ich vergleiche die NEUN gern mit einem Apfel, der in einer Obstschale liegt. Er bewegt sich nicht von allein, sondern braucht von außen einen Anstoß. Wenn er sich bewegt, dann rollt er erst zu einer Seite und dann wieder zur anderen. Die aufgewandte Energie verbraucht sich, bis der Apfel in der Mitte der Schale zum Liegen kommt. Die NEUN kommt wieder zur Ruhe. Speziell der Typ NEUN ist gut beraten, sich bei Veränderungsprozessen jemanden an die Seite zu holen, der den Fortschritt begleitet und immer neue Impulse setzt. Daneben ist auch die Fokussierung wichtig. Hat die NEUN ein wichtiges Thema zu erledigen, beispielsweise die Steuererklärung fristgerecht abzugeben, wird sie sich in alle möglichen Ersatzhandlungen flüchten. Dies tut sie natürlich nicht mit Absicht, sondern unterbewusst läuft das jahrelang eingeübte Verhaltensmuster ab. Etwas Unangenehmes steht an? «Ich habe ja noch so viel zu tun, da komme ich leider gar nicht dazu.» Die NEUN kann dann, statt sich an das Steuerprogramm zu setzen, stundenlang lustige Katzenvideos auf YouTube ansehen, Klamotten aussortieren oder vor dem Fernseher in Dauerbeschallung die Zeit vergessen. Interessanterweise wird sie die Steuererklärung am letzten Abgabetag mit Ach und Krach zusammenschustern und sie in allerletzter Minute abgeben. Viele NEUNer beschreiben, dass sie eine harte Deadline brauchen und dann erst richtig ins Handeln kommen.

Einkommen: die NEUN im Berufsleben

Im beruflichen Kontext ist die NEUN ein sehr gern gesehener Mitarbeiter, da sie einfach umgänglich und wohltuend für Teams ist. In einer Gruppe fühlt sich die NEUN wohl und möchte nicht durch besondere Leistung herausstechen. Eine NEUN würde daher auch nicht auf die Idee kommen und nach einer Gehaltserhöhung fragen. Und wenn sie es doch tut, weil zum Beispiel der Ehepartner findet, dass es eine gute Idee sei, wird sie sich nicht besonders ins Zeug legen. Wenn der Vorgesetzte zustimmt, ist es okay, wenn nicht, ist es auch okay. Mit einer vernünftigen Bezahlung und hin und wieder etwas Lob ist die NEUN zufrieden.

Da sie gern zuhört und objektiv ist, ist die NEUN ein ausgezeichneter Vermittler oder Mediator. Oft arbeitet sie in helfenden Berufen und in Berufen, in denen sie mit vielen Menschen zu tun hat. Sie kann gut mit alten Menschen und Kindern umgehen sowie mit allen, die aus anderen Gründen besondere Zuwendung benötigen. Im Sozial- und Personalbereich setzt sie sich sehr engagiert für andere ein. Einer NEUN sind ihre Ideale wichtig, daher sind sie erfolgreiche Therapeuten und

Rechtsanwälte sowie gute Theologen. Darüber hinaus ist die NEUN auch in kreativen und künstlerischen Berufen zu finden.

Kommt die NEUN zu Geld, fällt es ihr eher schwer, eine eigene Strategie zu entwickeln. Gern verlässt sie sich bei Geldthemen auf die Meinung von Freunden. Dies kann gut gehen, birgt aber immer auch das Risiko, dass das Finanzthema der NEUN völlig entgleitet.

Konsumverhalten der NEUN
NEUNer, die auf ihr Geld achten und ihre Ausgaben reduzieren möchten, vermeiden Geschäfte, die viel Verkaufspersonal haben. Wird die NEUN in ein Verkaufsgespräch verwickelt, kann sie sich nur schwer daraus lösen. Sie möchte den anderen schließlich nicht verärgern. Als letzten Ausweg nimmt sie gern eine Ausrede wie: «Ich bespreche das noch mal mit meinem Partner» oder «Ich habe leider gerade gesehen, dass ich mein Portemonnaie vergessen habe».

Hat sie doch einen Abschluss getätigt, den sie partout nicht machen wollte, nutzt sie das Widerrufsrecht. Dies macht sie bevorzugt schriftlich. Per Brief oder E-Mail ist sie anonymer und fühlt sich dem Gegenüber nicht so stark verpflichtet. Ist es ihr nicht wichtig, dann belässt sie es dabei, auch wenn das Produkt für sie ohne Nutzen ist. Hierdurch kann es passieren, dass die NEUN Produkte ansammelt, die sie eigentlich gar nicht verwenden möchte. Sie konnte sich der Kaufsituation nur nicht entziehen. Hier wäre eine Möglichkeit für die NEUN, die Sachen durchzugehen und auszumisten – gute Sachen zu verkaufen oder spenden, schlechte Sachen zu entsorgen.

Ich möchte noch einmal auf das Beispiel der Lottogewinner zurückkommen, die im Nachhinein alles wieder verloren haben. Ein interessantes Interview mit Frau Petra Bubert, die im

Jahr 1994 rund acht Millionen D-Mark gewonnen hat, zeigt ihre Motivation auf: «... du fühlst dich schuldig, du hast das Geld und du schämst dich für das Geld nachher. Und du bist nachher nur glücklich, wenn du dem Menschen ... 50.000 D-Mark gegeben hast, damit er Ruhe gibt.» Und weiter: «... durch dieses Geld erkauft man sich die Ruhe ...».[10] Dieses Bedürfnis, in Ruhe gelassen zu werden und frei von Konflikten sein zu dürfen, ist ein Kernmotiv der NEUN.

NEUNer sind Meister in Ersatzhandlungen, um eine Entschuldigung zu haben, die wichtigen Dinge nicht angehen zu müssen. Für diese Ausweichaktivitäten sind sie bereit, Geld auszugeben. Das sind insbesondere Ausgaben für Pay-TV, so ist die NEUN typischerweise Kunde der gängigen Anbieter wie Netflix, Amazon Prime, Disney +, SKY, DZN etc. Da sie sich sehr mit Charakteren in Serien identifiziert und deren Leben im Fernsehen persönlich nachempfindet, bleibt ihr für das echte Leben wenig Zeit und Energie. Sie konsumiert regelmäßig Convenience-Food und Süßigkeiten, am besten direkt vor dem Fernseher.

Investitionsverhalten der NEUN
Die NEUN neigt dazu, die Bedürfnisse anderer vor die eigenen zu stellen und Konflikte zu vermeiden. Daraus resultiert ein für sie unvorteilhaftes Investitionsverhalten. Um es dem Bankberater, der Familie oder Freunden recht zu machen, werden schon mal Verträge vorschnell gekündigt und in eine vermeintlich bessere Alternative umgelenkt. Die NEUN kann leicht zum Spielball der Interessen anderer werden.

Ebenso gibt sie gern die Verantwortung für Geldgeschäfte ab. Wenn die NEUN ein recht passables Einkommen erzielt, möchte sie sich am liebsten nicht mit den damit verbundenen Themen auseinandersetzen.

„Geld ist das größte Problem in meinem Leben …"

Walt Disney, Filmproduzent

So beschreibt es dieses Zitat sehr schön. Walt Disney, der bekannte Filmproduzent, hatte große Visionen und brauchte für die Verwirklichung seiner Filmprojekte und Parks Unmengen an Geld. Dieses Thema war für ihn immer eine besondere Bürde. Wie ein notwendiges Übel, mit dem er sich auseinandersetzen musste. Natürlich haben nur die wenigsten Menschen mit solch großen Beträgen zu tun. Es veranschaulicht dennoch sehr gut, dass sich die NEUN nicht vom Geld verleiten lässt, auch wenn die Summen schwindelerregend hoch werden. NEUNer bleiben mehr bei der Sache an sich.

Für die NEUN bringt der Umgang mit Geld besondere Stressfaktoren: Zum einen kann es sehr aufregend sein, wenn man die Finanzmärkte beobachtet. Zum anderen könnte sich daraus der eine oder andere Konflikt ergeben. Um diese Situationen zu vermeiden, setzen NEUNer gern sehr früh auf Steuerberater, Anwälte, Finanzberater, etc. In ihrem Grundvertrauen und der Hoffnung, dass ihr niemand etwas Böses will, lässt sie den Dingen ihren Lauf.

Wird die NEUN nicht aktiv angesprochen, behält sie ihre Finanzaufstellung so, wie sie sie vermutlich schon zu Beginn des ersten Geldverdienens hatte. Hier legt die NEUN eine sehr große Trägheit an den Tag. Warum sollte sie etwas ändern, wenn sie in den vergangenen Jahren doch gut damit gefahren ist? Ob eine Anlage drei, vier oder fünf Prozent hat, ist für sie nicht wichtig. Die Aussicht auf eine bessere Rendite wäre aus ihrer Sicht kein Grund, etwas am Status quo zu ändern.

Tatsächlich lässt sich zusammenfassend feststellen, dass die NEUN im Grunde gar keine Investitionsstrategie hat. Sie kann sich in Gesprächen so um eine Entscheidung winden, dass andere das Gefühl bekommen, einen Fisch greifen zu wollen. Wenn Sie eine NEUN sind, haben Sie sich dieses Buch wahrscheinlich nicht freiwillig gekauft, sondern es geschenkt bekommen. Da Sie den anderen nicht enttäuschen möchten, werden Sie es auch bis zum Ende lesen. Ich danke Ihnen für dieses Engagement. Und doch möchte ich Ihnen mit auf den Weg geben – auch wenn Ihnen Wohlstand nicht erstrebenswert erscheint, weil es sich auf den ersten Blick so anfühlt, als ob das nichts für Sie sei: Wohlstand wird eine große Ruhe in Ihr Leben bringen.

Stellen Sie sich vor, wie sich die Stimmung zu Hause entspannt, wenn die Geldsorgen verschwunden sind. Wenn Sie nicht überlegen müssen, wie Sie über die nächsten Tage kommen. Spüren Sie, wie Sie freier atmen können, wenn Sie nicht mehr von unausgegorenen Finanzthemen belastet werden. Wichtig ist, dass Sie sich Ihre Glaubenssätze in Bezug auf Geld anschauen und sich einen Partner suchen (vielleicht Ihren Partner), mit dem Sie die Reise zum Wohlstand gemeinsam machen.

Wohlstandsstrategien der NEUN
Als NEUN haben Sie sicherlich von allen Typen die größten Herausforderungen, wenn es darum geht, einen gewissen Wohlstand zu erreichen. Vermutlich fühlen Sie sich allein von diesem Satz schon demotiviert, und das Ziel scheint unerreichbar. Für Sie ist wichtig, die Trägheit zu überwinden. Dem inneren Schweinehund nicht nachzugeben und zu üben, fokussiert zu sein. Sie merken selbst, wie Sie auf einmal unter Druck über sich hinauswachsen und schnell und effektiv Ergebnisse produzieren können. Diese Energie steht Ihnen jeden Tag zur Verfügung. Sie dürfen, nein, Sie sollten sie benutzen.

Da alte Gewohnheiten wie große, dicke Gummibänder an Ihnen hängen und es Ihnen schwer machen, sich zu verändern, empfehle ich Ihnen, mit den folgenden zehn Punkten zu beginnen. Seien Sie geduldig mit sich selbst. Es dauert rund drei Monate, bis sich Ihr Körper und Geist an neue Verhaltens- und Denkmuster angepasst haben. Ist das nicht wunderbar? Sie haben ein ganzes Leben Muster verwendet, die Ihnen nicht dienen, und es braucht nur drei Monate, um diese zu überwinden.

1. Betätigen Sie sich regelmäßig körperlich und gehen Sie bis an Ihre Grenzen. Hierdurch erhalten Sie einen besseren Zugang zu Ihrem Körper und Geist.
2. Nehmen Sie teil. Seien Sie nicht nur physisch anwesend, sondern auch geistig. Seien Sie fokussiert.
3. Öffnen Sie alle Ihre Briefe sofort und schauen Sie, ob Sie etwas erledigen müssen. Beginnen Sie am gleichen Tag damit.
4. Beginnen Sie eine To-do-Liste mit den drei Dingen, die Sie heute auf jeden Fall erledigen möchten.
5. Führen Sie ein Erfolgstagebuch. Schreiben Sie insbesondere auf, in welchen Momenten Sie für sich eingestanden und nicht blind der Meinung anderer gefolgt sind.
6. Übernehmen Sie Verantwortung. Auch wenn Dinge passieren, über die Sie nicht glücklich sind, überlegen Sie: «Was war mein Anteil daran?»
7. Üben Sie sich darin, Ihrem Ärger auch mal Luft zu machen. Sie können Sätze beginnen mit «Meiner Meinung nach ...», «Ich finde ...», «Es ist mir besonders wichtig, dass ...»
8. Erledigen Sie Ihre Finanzthemen (Rechnungen bezahlen, Steuererklärung machen, etc.) immer sofort.
9. Informieren Sie sich über ein Finanzthema, entscheiden Sie sich dafür und dann TUN Sie es.
10. Schließen Sie keine Finanzprodukte/-verträge ab, um anderen zu gefallen.

06.
Der Wohlstand der **EINS**

Die EINS ist der dritte Typ innerhalb der «Wut-Gruppe» (ACHT, NEUN, EINS). Die EINS mag es ordentlich und kann dabei gnadenlos ins Gericht gehen – vor allem mit sich selbst. Rechnungen müssen grundsätzlich pünktlich bezahlt werden, weil es sich für die EINS richtig anfühlt. Entdeckt sie in einer Rechnung hingegen einen Fehler, wird sie den Rechnungssteller direkt ansprechen und Klärung suchen. Bis dahin wird sie den Betrag nicht bezahlen. Der innere Treiber, recht haben zu wollen, setzt sich oftmals durch. Es geht der EINS hierbei ums Prinzip. Wenn ihre Kreditwürdigkeit herabgestuft wird, erleidet sie geradezu körperliche Qualen und macht sich starke Vorwürfe.

Die EINS überträgt ihren hohen Standard auch auf andere. Bei einem Bankgespräch zu einem bestimmten Thema kann es gut sein, dass sich die EINS vorher sehr genau informiert, um den Bankberater mit gezielten Fragen und Kommentaren auf seine Kompetenz zu testen und ihm mögliche Fehleinschätzungen unter die Nase zu reiben. Dies geschieht nicht aus dem Antrieb, den anderen lächerlich zu machen, sondern um ihm dabei zu helfen, zu wachsen. Die EINS meint es nur gut und möchte andere unterstützen, noch besser zu werden. Sie versteht oft nicht, warum andere daraufhin beleidigt sind oder sich angegriffen fühlen. Wollen denn nicht alle die beste Version ihrer selbst werden?!

Die EINS tut sich grundsätzlich schwer damit, Entscheidungen zu treffen. Kennt sie denn schon alle relevanten Details oder hat sie etwas übersehen? Wie fundiert wäre dann die Entscheidung? Könnte es ein Fehler sein? Die EINS möchte keinen Fehler machen und auf gar keinen Fall daran schuld sein, wenn etwas schiefläuft. Da sie alles so perfekt durchdacht hat, kann es aus ihrer Sicht gar nicht zu Fehlern kommen. Irgendjemand muss also offenbar die Variablen geändert haben, ohne sie davon in Kenntnis zu setzen.

Die EINS versucht, im Umgang mit Geld vorsichtig und sehr sorgfältig zu sein. Sie macht sich oft Sorgen und hat das Gefühl, dass auf ihren Schultern eine hohe Verantwortung lastet. Wenn sie etwas zusagt, macht sie es auch. Sie ist sehr zuverlässig, pünktlich und genau.

Wird der EINS eine vertrauliche Selbstauskunft vorgelegt, können Sie sicher sein, dass alle Punkte korrekt bearbeitet und alle Werte bis auf den letzten Cent berechnet und überprüft wurden. Gedanklich hat die EINS natürlich für den Notfall einen Puffer eingeplant.

Unreife EINS: Sie wird geradezu obsessiv im Erkennen von Fehlern – bei sich und anderen. Mit ihrem Hang, selbstgerecht über andere zu urteilen, die nicht «die Wahrheit» kennen, kann die unreife EINS unendlich leiden. Dies kann zu Depressionen und Zusammenbrüchen oder sogar Selbstmordversuchen führen. Die unreife EINS ist auf kleine Unvollkommenheiten fixiert. Sie ist versessen darauf, alles bis ins Kleinste zu regeln, pedantisch und kontrollwütig.

«Normale» EINS: Dieser Typ ist vom Leben enttäuscht, da sie selbst sehr idealistisch ist, die Realität aber hinter diesem Anspruch hinterherhinkt. Sie räumt anderen hinterher und ärgert sich darüber, dass sie es nicht gleich richtig erledigen. Sie empfindet den Druck der Welt, der auf ihr lastet, und nicht selten ist sie ein Workaholic, der alles kritisch auseinandernimmt. Die «normale» EINS hat einen Verstand, der urteilt, vergleicht und Fehler sowie Unvollkommenheit sofort entdeckt.

Die reife EINS hat einen großen Drang, Menschen zu helfen, die an sich arbeiten und sich weiterentwickeln wollen. Sie gibt sich sehr viel Mühe und nimmt sich Zeit für sie. EINSer sind großartige Mentoren, die von ihren Mentees geschätzt und geachtet werden. Reife EINSer weisen nicht zurecht oder stellen bloß, sondern zeigen respektvoll Wege auf, die der Mentee ausprobieren kann. Die gereifte EINS hat sich einem Leben des Dienens und der Integrität verschrieben. Sie ist ausgeglichen, verantwortungsbewusst und kann sich selbst und anderen ihre Unvollkommenheit vergeben. Sie hat Prinzipien und Geduld mit dem Prozess, der die Welt zu einem besseren Ort macht. Diese EINSer haben starke persönliche Überzeugungen und den Anspruch, objektiv, fair und gerecht zu sein. Sie akzeptieren, was ist, sehen aber gleichzeitig die beste Möglichkeit, die sich im jeweiligen Moment bietet. Reife EINSer können sehr inspirierend und hoffnungsvoll sein. Sie streben nach dem höheren Sinn.

Einkommen: die EINS im Berufsleben
Menschen vom Typ EINS verfügen über eine hohe Arbeitsmoral und Disziplin. Sie ergreifen daher oft Berufe, in denen genau diese Qualitäten wertgeschätzt werden. Dadurch, dass sie sich extrem anstrengt, Fehler zu vermeiden, schafft es die EINS, sich über die Zeit einen guten Ruf zu erarbeiten. Andere wissen: Wenn die EINS etwas anfängt, dann bringt sie es vernünftig zu Ende. Ihre Ergebnisse lassen sich direkt verwenden. EINSer wählen typischerweise Berufe wie den des Anwalts, Richters, Managers, Controllers, Fluglotsen, Lektors und Korrektors. Sie sind zudem oftmals in der Wissenschaft oder auch im Gesundheits- oder Erziehungswesen tätig.

„Erst die Arbeit, dann das Vergnügen."

Mit Kritik kann die EINS nur schlecht umgehen. Da sie ohnehin ständig mit sich ins Gericht geht und sich dabei selbst anklagt, verteidigt und verurteilt, ist es für sie besonders schmerzhaft, wenn ihre Unzulänglichkeit auch noch von anderen festgestellt wird.

Konsumverhalten der EINS

Die EINS steht unter einem enormen Druck und verfällt schnell in Stress, wenn Unvorhergesehenes passiert. Sie gesteht sich die schönen Dinge des Lebens und Genuss per se weniger zu. Als Folge neigt sie zu Diäten und der Einnahme von Vitamin- und Reinigungspräparaten. Essen spielt bei der EINS eine große Rolle und wird teilweise als einzig wahrer Kontrollbereich wahrgenommen. Typischerweise neigen eher EINSer zu Essstörungen, die bis zur Bulimie führen können.

Die EINS kann sehr asketisch leben und wenig konsumieren. Sie bestraft sich in gewissem Maße selbst, würde es aber nie so bezeichnen. Für sie ist der geringe Konsum ein Zeichen ihrer Disziplin und Kontrolle.

Durch das hohe innere Anspannungslevel flüchtet sich die EINS in verschiedene Maßnahmen und Mittel, die ihr Entspannung versprechen: Von Alkohol über Medikamente bis zu Entspannungstechniken kann alles dabei sein. Manchmal sieht man den Menschen bereits an, dass sie eine EINS sind, da sie oft an Muskelverspannungen leiden. Sie wirken auch körperlich eher steif und unentspannt.

Sie kleiden sich so, wie sie es als korrekt und angemessen empfinden. Bei allem, was sie kaufen und tun, sind sie eher in der Mainstream-Ecke zu finden. Wo die Mehrheit ist, ist die Wahrscheinlichkeit gefühlt geringer, etwas falsch zu machen.

EINSer greifen gern auf Bewertungen und Prüfberichte von

Produkten und Dienstleistungen zurück, bevor sie ihr Geld hierfür ausgeben. Sie interessieren sich für die Meinungen anderer. In der Regel haben sie aber bereits eine vorgefertigte Meinung zu der Sache und suchen in den Bewertungen nach einer Bestätigung ihrer eigenen Einschätzung. Abweichende Meinungen kann die EINS hierbei gut ausblenden und mit Gedanken wie «Der hat ja eh keine Ahnung» auf die Seite schieben.

Eine EINS kann sich sehr auf ein bestimmtes Konsumverhalten einstellen und hierbei geradezu einseitig und verbissen sein. Insbesondere bei Nahrungsmitteln neigt die EINS zu Einseitigkeit. Ist ihr bevorzugtes Essen oder Lieblingsgetränk nicht erhältlich, verzichtet sie für eine Zeit ganz darauf. «Wenn ich das jetzt nicht haben kann, dann will ich auch nichts anderes», denkt die EINS schon fast trotzig. Dass sie sich damit selbst bestraft, nimmt sie so nicht wahr.

Ein weiteres Ventil, über das die EINS gern Druck ablässt, ist das Putzen. Als Ergebnis lockt eine tadellose Oberfläche, ein blitzblankes Bad oder Fenster, die so sauber sind, dass man hier gar keine Glasscheiben vermutet. Die EINS hat daher allerlei Putzutensilien zu Hause und packt beim Einkauf sicher jedes Mal irgendetwas zum Reinigen ein. Es könnte ja noch besser funktionieren als das, was sie zu Hause hat.

Fühlt sich die EINS gut, gönnt sie sich gern zwischendurch etwas. Sie belohnt sich dann mit einer Kleinigkeit, die, gemessen am verfügbaren Geld, absolut im Rahmen bleibt. Die EINS neigt weniger dazu, sich in Frustsituationen mit Konsumgütern abzulenken, sondern will sich eher belohnen, wenn sie sich gut fühlt. Das Motiv: Die EINS darf sich durch ihre Leistung eine Belohnung verdienen. Auch wenn sie glaubt, ihr Konsum sei rational begründet, wird er doch mehr von ihrer Gefühlswelt bestimmt, als sie es sich selbst eingestehen würde.

Investitionsverhalten der EINS

Geht es bei der EINS darum, eine wichtige finanzielle Entscheidung zu treffen, wird sie typischerweise eine Pro- und Contra-Liste erstellen, in der sie die von ihr gründlich recherchierten Details aufführt. Nur wenn die Pro-Spalte mit mehr oder wesentlich bedeutenderen Punkten gefüllt ist, wird sich die EINS dafür entscheiden. Um den Entschluss noch rationaler zu betrachten, würde sie vermutlich die aufgeführten Punkte gewichten. Dadurch erhöht sie für sich die Chancen, die richtige Entscheidung zu treffen.

Ich bin eine EINS und bin im Musterhauspark gern mit einer Checkliste herumgelaufen, auf der alles notiert war, worauf mein Mann und ich uns bereits im Vorfeld geeinigt hatten. Natürlich waren die Punkte nach Wichtigkeit geordnet. So gab es Punkte, die keinen Kompromiss zuließen und aus diesem Grund ganz oben auf der Liste platziert waren. Weiter unten gab es dann jene, über die man sprechen könnte, wenn alles andere stimmt.

Auch wenn sich EINSer typischerweise eher schwertun, eine Entscheidung zu treffen, weil sie fehlerhaft oder sogar falsch sein könnte, hat mir die Checkliste die Sicherheit gegeben, dass alle wichtigen Punkte bereits bedacht wurden. Als wir uns innerhalb eines Tages für einen Haustyp mit den dazugehörigen Spezifikationen entschieden hatten, staunte der Verkäufer nicht schlecht. Auch unsere Freunde waren verwundert, wie wir so schnell so eine große Entscheidung treffen konnten. Wenn ich ehrlich bin, war die Entscheidung selbst nicht mehr das, was Zeit gekostet hat. Die wichtige Vorarbeit, in die ich viel Zeit investiert hatte, hat dies erst ermöglicht.

Bei kleineren Entscheidungen erfolgt diese Gegenüberstellung direkt im Kopf. Die EINS setzt sich teilweise in Sekundenschnelle mit ihrem inneren Kritiker auseinander und geht die

Pro- und Contra-Punkte durch. Eine spontane Entscheidung aus dem Bauch heraus würde sich für die EINS nicht gut anfühlen.

Ist der Gesprächspartner ungeduldig, weil die EINS noch damit beschäftigt ist, die Vor- und Nachteile zu bewerten, und versucht er durch Nachfragen oder durch «Abschlusskompetenz» den Prozess zu beschleunigen, kann sich die EINS unter Druck gesetzt fühlen. Sie hat dann nicht die Möglichkeit, ihren Gedankengang und die für sie wichtige Bewertung zu Ende zu führen, und verfällt dadurch unterbewusst in Stress.

Der Stresspunkt der EINS ist der einer unreifen VIER. Sie empfindet die Störung als Kritik an ihrer Person und verliert ihr Selbstbewusstsein. Das kann dazu führen, dass sie ihren Gedankengang komplett abbricht und nicht mehr bereit ist, das Gespräch weiter zu verfolgen. An diesem Tag wird kein Abschluss erfolgen und bei diesem Gesprächspartner vermutlich auch an keinem anderen Tag.

„Das Fehlen von Geld ist die Wurzel allen Übels."

George Bernard Shaw, irischer Dramatiker

Bei ihrer Bewertung der Gesellschaft ist der EINS klar, dass das Fehlen von Geld viele Probleme verursacht. Sie erkennt die Möglichkeiten, die Geld in einer kapitalistischen Welt bietet. Wenn die EINS ihren Fokus auf Geld, Vermögen und Wohlstand ausrichtet, kann sie die nötigen Schritte gehen, um Geld in ihr Leben zu ziehen. Sie wird dies weniger nur für sich tun, sondern aus dem Antrieb, die Welt zu einem besseren Ort machen zu können. Sie ist bereit zu teilen.

Ich war auch viele, viele Jahre hinweg ständig in meinem Kopf unterwegs und habe abgewogen, bewertet, geurteilt. Dadurch habe ich oft sehr langsam entschieden. Wann war ich denn jemals damit fertig, alle Informationen zu beurteilen? Ich habe dann ganz bewusst meinen «Entscheidungsmuskel» trainiert, das heißt, mich selbst darin geübt, schneller zu entscheiden. Diese Übung mache ich heute noch, wenn ich merke, dass ich im Kopf anfange, Argumente auszutauschen und gegenüberzustellen. Bei großen Entscheidungen lasse ich es so laufen, aber ob ich die Paprika im Dreierpack kaufe, obwohl ich nur zwei brauche, oder zwei einzelne Paprika mitnehme – dafür verschwende ich nicht mehr wertvolle Minuten meiner Lebenszeit. Früher hätte ich mir überlegt, was mit der dritten Paprika passiert. Was, wenn ich sie zu lange liegen lasse und sie weggeworfen wird? Ich würde mich schon beim Einkauf schlecht fühlen, wenn ich mir das nur vorstelle. Heute muss ich darüber schmunzeln. Damals hat es mich viel Zeit und Energie gekostet.

Tatsächlich konnte ich sehr viel von meinem viel zu hohen Anspruch ablegen, seit ich für mich das Mantra «Ich mache keine Fehler, ich lerne» entdeckt habe. Auch die Liedzeile «… ich geh' nicht zurück, ich nehm' nur Anlauf» hat mich unterstützt, gelassener mit vermeintlichen Fehlern und Rückschlägen umzugehen.

Wohlstandsstrategien der EINS

Als EINS sorgen Sie sich vermutlich häufig um Ihre materielle Situation, Ihre Gesundheit und generell darum, ob alles so funktioniert, wie Sie es für sich geplant haben. Da Sie grundsätzlich Ihre Ausgaben gut im Griff haben, haben Sie schon sehr gute Voraussetzungen dafür, Ihr Vermögen nachhaltig aufzubauen. Unnötige Fehlkäufe werden Sie selten tätigen. Achten Sie auf der Einnahmenseite darauf, dass Sie sich nicht unter

Wert verkaufen. Sie stellen sehr hohe Ansprüche an sich, das bedeutet allerdings nicht, dass andere dies auch tun.

1. Führen Sie ein Journal und beschreiben Sie darin jeden Tag drei Situationen, in denen Sie Ihre Gefühle wahrgenommen haben.
2. Bereiten Sie ein Gespräch für eine Gehaltserhöhung vor. Versuchen Sie sich dabei so zu sehen, wie andere Sie wahrnehmen. Notieren Sie mindestens fünf Punkte, warum Sie mehr Gehalt verdient haben. Führen Sie das Gespräch.
3. Üben Sie sich in Nachsicht mit sich selbst. Durch eine mögliche Fehlentscheidung geht die Welt nicht unter.
4. Lernen Sie loszulassen. Sie werden ohnehin viel für Ihren Erfolg tun, lassen Sie andere ebenfalls ihren Beitrag leisten.
5. Gehen Sie jeden Tag dreißig Minuten spazieren und tun Sie dreißig Minuten lang nichts.
6. Schieben Sie Ihren inneren Kritiker beiseite. Sie können gute und richtige Finanzentscheidungen treffen.
7. Wenn Sie in ein Restaurant gehen, wählen Sie Ihr Gericht innerhalb von einer Minute aus der Karte aus.
8. Fehler gehören zum Leben und zur Entwicklung. Wenn Sie von einer finanziellen Entscheidung enttäuscht sind, nehmen Sie es nicht persönlich.
9. Verschwenden Sie nicht zu viel kostbare Lebenszeit, um die perfekte Investition zu finden. Hören Sie auch auf Ihre Intuition.
10. Notieren Sie zehn Talente, die Sie haben. Wählen Sie aus diesen drei aus, von denen Sie denken, dass Sie damit zusätzliches Einkommen generieren können. Beginnen Sie ab morgen mit einer dieser Tätigkeiten. (Hinweis: Wenn Sie eine Anregung benötigen, schauen Sie gern in Kapitel 17)

07.

Der Wohlstand der **ZWEI**

Die ZWEI definiert sich über ihre Beziehungen. Wenn sie selbst reiche und einflussreiche Freunde hat, fühlt sie sich auch reich und einflussreich. Gleich und Gleich gesellt sich schließlich gern, oder? Die ZWEI hat tiefe Gefühle und scheut sich nicht, diese auch in Worte zu fassen. Typisch für diesen Enneagrammtyp ist allerdings, dass es oft gar nicht ihre eigenen Gefühle sind, die sie wahrnimmt, sondern die ihres Gegenübers.

Wenn Ihnen jemand bei der Begrüßung den Arm berührt, direkt auf den Small Talk einsteigt und es fast schon schwierig wird, diesen zu beenden, dann haben sie es wahrscheinlich mit einer ZWEI zu tun. Nach nur wenigen Minuten wird Ihnen die ZWEI viele persönliche Informationen entlocken, weil sie einfach ein Gespür dafür hat, was gerade beim Gesprächspartner los ist. Im beruflichen Kontext mag das für Nicht-ZWEIer ungewöhnlich sein und sich nicht professionell anfühlen. Für die ZWEI ist es aber ungemein wichtig, erst eine persönliche Beziehung herzustellen, bevor sie sich anderen und in ihren Augen viel unwichtigeren Themen widmen kann.

Die ZWEI verschenkt sich und ihre Zeit gern, aber immer mit dem Hintergedanken, dann auch etwas im Gegenzug zu erhalten. In Beratungsgesprächen wäre es nicht verwunderlich, wenn die ZWEI anbietet, schnell die Papiere aus dem Drucker zu holen, oder dass sie bereits Kopien von einigen Unterlagen mitgebracht hat. «Das ist doch gar nichts und hat auch wirklich keine große Mühe gemacht», wird sie sagen. Unterbewusst erwartet sie dafür aber eine Gegenleistung, vielleicht etwas günstigere Konditionen hier oder einen Werbeartikel da oder einfach einen anerkennenden, wohlwollenden Blick.

Unreife ZWEI: Die unreife ZWEI kann für ihre Mitmenschen sehr unangenehm werden. Sie rechnet ständig auf, was andere ihr moralisch schulden, fühlt sich schnell ausgenutzt und wird darüber verbittert. Sie sieht die Schuld bei anderen und begibt sich gern in die Opferrolle. Durch Mitleid versucht sie die Liebe anderer zu halten (Hypochondrie). Unreife ZWEIer können anfällig für chronische Krankheiten, insbesondere Bulimie und psychische Krankheiten sein.

«Normale» ZWEI: Sie braucht es, gebraucht zu werden. Ihr höchster Wert ist die Liebe, und sie spricht oft darüber. Andere werden mit Liebesbekundungen und -beweisen überschüttet. Sie erkennt die Grenze zwischen sich und anderen nicht mehr und sieht sich gern als Märtyrer zum Wohle anderer.

Reife ZWEI: Diese ZWEI kann bedingungslos lieben – sich selbst und andere. Sie ist empathisch und ehrlich interessiert an den Bedürfnissen anderer. Sie kann das Gute im anderen sehen. Zudem ist sie großzügig und herzlich. Andere sind gern in ihrer Nähe, da die ZWEI ihnen aufrichtige Wertschätzung entgegenbringt.

Einkommen: die ZWEI im Berufsleben

Die ZWEI ergreift gern Berufe, die in Zusammenhang mit Menschen und Beziehungen stehen. Vorrangig finden sich ZWEIer daher im Erziehungs- und Pflegebereich sowie generell im Gesundheitswesen. Sie arbeiten vermehrt als Verkäufer, Lehrer, Coach und Trainer sowie im Rettungsdienst oder in Krankenhäusern. In Unternehmen sind sie die gute Seele, die das Team zusammenhält und für jeden ein offenes Ohr hat. Sie sind oft die unterstützende Kraft hinter den Vorgesetzten, was für sie auch völlig in Ordnung ist. Beruflich geht es der ZWEI nicht so stark um das finanzielle Vorankommen. Ihr ist es primär wichtig, dass sie mit Menschen in Beziehung treten kann. Da die ZWEI auf andere sympathisch wirkt, ist sie oft in der Rolle des Pressesprechers oder Firmenvertreters auf Messen oder bei Veranstaltungen zu finden.

Die Herausforderung für die ZWEI besteht auf der Einkommensseite darin, dass sie sich nicht nachdrücklich für ihre Beförderung und Gehaltsanpassung einsetzt. Sie ist ein Machertyp, was andere sehr schätzen. Die ZWEI erwartet insgeheim, dass es entsprechend honoriert wird. Wenn Sie eine ZWEI sind und das Gefühl haben, nicht das zu verdienen, was Sie verdienen: Sprechen Sie es an. Erwarten Sie nicht, dass andere von allein auf die Idee kommen. Hier geht es nicht darum, dieses Thema innerhalb des Kollegenkreises zu diskutieren. Seien Sie mutig und sprechen Sie Ihren Vorgesetzten darauf an.

Andere Menschen sind nicht so empathisch und können erst recht keine Gedanken lesen. Führen Sie sich das immer wieder vor Augen und lernen Sie, Ihre Bedürfnisse klar zu kommunizieren. Bevor Sie mit Ihrem Vorgesetzten sprechen, üben Sie gern erst einmal im privaten Bereich. Was ist Ihnen wichtig? Wo haben Sie insgeheim eine Erwartungshaltung einer anderen Person gegenüber? Sprechen Sie die Person an und erklären Sie sich. Es ist eine Frage der Übung und innerhalb kurzer Zeit werden Sie mit Sicherheit ein gutes Gespräch mit Ihrem Vorgesetzten führen.

Noch größer als die Herausforderungen auf der Einnahmenseite gestaltet sich beim Typ ZWEI die Ausgabenseite. Wenn wir uns diese Seite anschauen, stellen wir fest, dass die Konsumausgaben vergleichsweise hoch sind. Das Konsumverhalten und die besondere Motivation, welche die ZWEI antreibt, schauen wir uns im Folgenden genauer an.

Konsumverhalten der ZWEI
Die ZWEI kauft grundsätzlich gern ein. Sie stöbert ausgiebig und überlegt sich, wem sie noch eine kleine Freude machen könnte. Auch ohne konkreten Anlass kauft sie schon mal im Vorrat etwas für andere ein, um für spontane Besuche gewappnet zu sein. Ich erinnere mich hier gern an Tante Inge. Sie hatte bei

jedem Anlass eine Plastiktüte mit lauter Krimskrams dabei, den sie an den Mann oder vornehmlich an die Kinder gebracht hat. Für die Kinder war es gefühlt wie ein kleines Weihnachten. Die Erwachsenen haben es eher mit gemischten Gefühlen gesehen, da es zum einen ungefragt, zum anderen viel zu häufig passierte.

Die ZWEI ist im besonderen Maße empfänglich für Produkte, die vermeintlich Beziehungen stärken sollen, beispielsweise für Bücher mit Sprüchen oder gern auch für den Kauf doppelter Produkte (eins für mich, eins für dich). Sie erkennt bei anderen Bedürfnisse, ohne dass diese etwas sagen müssen. Sieht eine ZWEI, dass die Nachbarin eine kaputte Einkaufstasche hat, besorgt sie ihr umgehend Ersatz. Es macht ja gar keinen Umstand.

Da die ZWEI die Bedürfnisse anderer sehr gut wahrnimmt und gern Abhilfe schaffen möchte, schlägt sich dies in ihrem Kaufverhalten nieder. In der Sicht anderer schießt die ZWEI hier teilweise übers Ziel hinaus und gibt verhältnismäßig oft und/oder viel. Das kann von anderen sogar als übergriffig oder bevormundend aufgefasst werden.

Ich ertappe mich auch immer mal wieder dabei, wie sich mein ZWEIer-Flügel meldet und ich anderen gern unter die Arme greifen möchte. Warum das nicht gut ist? Ich weiß, dass ich andere mit ungefragter Hilfe herabwürdige. Ich impliziere damit, dass ich denke, sie können es nicht allein schaffen. Wir sind dann nicht mehr auf Augenhöhe. ZWEIer schaffen gerne Abhängigkeitsverhältnisse – auch mit Geld als Mittel zum Zweck. Wenn Sie dieses Verhalten bei sich bemerken, fragen Sie sich ehrlich: «Warum möchte ich jemandem gerade wirklich Geld geben? Wie könnte ich die Person stattdessen unterstützen?»

In ihrer tief empfundenen Aufopferung für die Bedürfnisse anderer kann die ZWEI gern das Maß für Geschenke an andere verlieren. Die bekannten Sprichwörter «Kleine Geschenke erhalten die Freundschaft» und «Geben ist seliger denn Nehmen» sind bei einer ZWEI in Fleisch und Blut übergegangen. Das Beiwort «kleine» nimmt sie irgendwann nicht mehr wahr. ZWEIer neigen dazu, andere Menschen mit besonders großzügigen (Geld-)Geschenken zu überraschen. Ihre eigene finanzielle Sicherheit kann hierdurch gefährdet werden, wenn sie an ihre Reserve geht oder sogar Kredite aufnimmt. Der Beschenkte weiß oft nichts davon, weil die ZWEI suggeriert, dass all das selbstverständlich und keine große Sache sei.

Auch hier kann der tiefe Wunsch, gemocht zu werden, die persönlichen Grenzen der anderen verletzen. Die ZWEI schafft es, gerade mit Hilfe von Geld die Bedürftigkeit anderer auszunutzen, indem sie zwar gern von ihrem Geld gibt, aber dafür auch eine Gegenleistung in Form von Zuneigung erhalten möchte. Andere fühlen sich hierbei manipuliert und teilweise sogar emotional erpresst. Die ZWEI verursacht bei anderen ein schlechtes Gewissen, indem sie so viel von sich gibt und den anderen nötigt, es auf die ein oder andere Art und Weise zurückzugeben. Häufig betrachtet man dies bei ZWEIer-Eltern, die ihre Kinder ständig mit Geld versorgen und damit in eine Abhängigkeit drängen. Es ist sicherlich nichts dagegen einzuwenden, seinen Kindern hin und wieder finanziell zu helfen. Aber diese Eltern sollten ihre Motive hinterfragen: Tun sie es aus Liebe zu ihrem Kind oder erwarten sie dafür etwas im Gegenzug wie regelmäßige Besuche oder Anrufe?

Gerät die ZWEI in Stress und fühlt sich nicht ausreichend gewürdigt, kompensiert sie, indem sie sich über Nahrung selbst Liebe zuführt: Sie greift beherzt zu Schokolade, Eis und vornehmlich Speisen aus Kohlenhydraten. Damit belohnt sie sich selbst, das Gehirn schüttet Dopamin aus. Das Produkt schlechthin für die ZWEI ist sicherlich die «Merci»-Schokolade. So kann sie sich selbst danke sagen, wenn es sonst schon niemand anderes tut.

„Wie kann Geld die Quelle allen Übels sein, wenn Shopping die Heilung aller Traurigkeit ist?"

Elizabeth Taylor, Schauspielerin

Ihr Konsumverhalten steht im krassen Gegensatz zu dem eben beschriebenen Verhalten der EINS. ZWEIer sind typische Frustkäufer. Besonders wenn die ZWEI von anderen Menschen zurückgewiesen wird oder andere ihr nicht die unbewusst erwartete Dankbarkeit zollen, bemitleidet die ZWEI sich gern selbst und tröstet sich durch Einkaufen. Seelentröster jeder Art sind dann willkommen, vorzugsweise (süße) Nahrungsmittel, da der Effekt schnell einsetzt. Aber auch andere Artikel wie Kleidung, Schuhe und Taschen wählt sie gerne aus.

Um für andere interessant zu sein, kleidet sich die ZWEI ansprechend und gibt gern Geld für Pflegeprodukte und Kosmetik aus. Sie möchte auch äußerlich gut wirken und sich damit für die Liebe anderer qualifizieren. Dies birgt allerdings wieder die Gefahr einer Negativspirale, da die ZWEI in einer Situation der Verzweiflung alles tun würde, um die Zuneigung anderer zu erhalten. Möchte sie in einen bestimmten Freundeskreis eintreten, wird sie sich dem entsprechenden Stil anpassen. Möchte die ZWEI beispielsweise im Fitnessstudio der Hingucker sein und von anderen bewundert werden, wird sie sich teure Sportkleidung kaufen. Wird sie dann daraufhin von jemandem angesprochen, verschenkt sie auch mal das ein oder andere kostbare Stück mit der Bemerkung: «Ach, das ist doch gar nichts. Ich freue mich, wenn du es nutzen kannst.» Dass sie es sich vielleicht schon vorher nicht leisten konnte, wird die andere Person nie erfahren.

Da ihr Zwischenmenschliches besonders wichtig ist, ist die ZWEI ein typischer Abonnent von Zeitschriften. Klatsch und Tratsch sind ihr Ding. Sie kann stundenlang vor dem Fernseher verbringen und sich die typischen Sendungen rund um Beziehungen anschauen, wie «Der Bachelor/Die Bachelorette», «Temptation Island», «Dschungelcamp» und ähnliche Formate. Darauf angesprochen wird die ZWEI immer Auskunft zum aktuellen Stand der jeweiligen Sendungen geben können. Für Zeitschriften oder auch Sendungen, die im Pay-TV erhältlich sind, gibt die ZWEI gern Geld aus.

Ihr teilweise recht ausschweifendes Konsumverhalten ist in finanzieller Hinsicht die größte Herausforderung für die ZWEI. Die starke Verbindung zu ihren Emotionen, die dazu führt, dass sie ihr Geld entweder für andere oder für sich ausgibt, macht es für die ZWEI sehr schwer, einen objektiven Blick auf ihr Konsumverhalten zu erhalten.

Investitionsverhalten der ZWEI
ZWEIer tun sich mit langfristigen Investitionen besonders schwer. Da sie sehr durch ihren kurzfristigen Konsum geprägt sind, brauchen sie für ihren Vermögensaufbau vergleichsweise viel Energie und haben das Gefühl von Mangel und Verzicht. Jeder Euro, der in eine langfristige Investition fließt, ist für die ZWEI schwer zu verkraften, da sich der Sinn für sie darin nicht im Alltag erschließt. Es fühlt sich irgendwie nicht gut an. Sparen ist für die ZWEI nur das Aufschieben von Konsum in die Zukunft. Sie hat das Gefühl, dass sie das Geld heute dringender braucht, um ihre Beziehungen zu anderen und zu sich selbst zu stärken.

Typischerweise hat die ZWEI für sich wenig vorgesorgt, das heißt, dass Altersversorgung und Versicherungen eher zu wenig aufgebaut sind. Vielleicht erwartet die ZWEI, dass sich später andere um sie kümmern werden. Schließlich hat sie zeitlebens so viel für ihre Mitmenschen getan. Diese Rechnung kann, muss aber nicht aufgehen. Das Risiko, im Alter zu verarmen, ist für ZWEIer vergleichsweise hoch.

Ist die ZWEI in einer engen Beziehung zu einer erfolgreichen ACHT oder DREI, kann sie deren Begeisterung für Erfolg und speziell für wirtschaftlichen Erfolg spüren. Sie sonnt sich geradezu darin und bekommt eine gute Vorstellung davon, wie es ist, wenn man wohlhabend und angesehen ist. Dies ermöglicht ihr, auf diesen Zug aufzuspringen und im Schatten des anderen ebenfalls etwas abzubekommen. In kleinerem Stil zwar, aber immerhin. Durch ihre hohe Empathie profitiert die ZWEI am meisten von Vorbildern oder Coaches. Dort, wo andere Typen versuchen, die Argumente zu verstehen, geht die ZWEI ins Fühlen und erkennt die für sie notwendigen nächsten Schritte.

Für die ZWEI ist eine Grundvoraussetzung für den erfolgreichen Aufbau von Wohlstand, dass sie Selbstliebe praktiziert und ihren Selbstwert erkennt. Wenn Sie eine ZWEI sind, können Sie durch Ihre charmante Art und Ihr Umsetzungstalent ein großes Vermögen erzielen. Arbeiten Sie hierfür daran, Ihren Stolz zu überwinden. Für Ihre Investitionsplanung ist es hilfreich, wenn Sie sich Gedanken über Ihre persönliche Zukunftsplanung machen. Beantworten Sie folgende Fragen:

A. Wie viel Geld habe ich aktuell in kurz-, mittel- und langfristige Investitionen angelegt?

....

....

....

B. Wem gebe ich regelmäßig Geld und warum tue ich das?

....

....

....

C. Wie viel Rente benötige ich im Alter?

....

F. Bin ich es mir selbst wert, jetzt und im Alter finanziell ausgesorgt zu haben?

....

Wohlstandsstrategien der ZWEI

Als ZWEI bringen Sie eine wunderbare Art in die Welt, von der viele Menschen profitieren können. Schauen Sie, dass auch Sie selbst Ihr Einfühlungsvermögen nutzen können. Die Herausforderungen auf der Ausgabenseite werden Sie sehr schnell in den Griff bekommen, sobald Sie Ihre Motive verstanden haben und Ihre Energie richtig lenken. Die folgenden zehn Punkte können Sie dabei unterstützen, Ihren persönlichen Weg zum Wohlstand zu ebnen.

1. Machen Sie sich bewusst, dass Sie Liebe nicht kaufen können.
2. Versuchen Sie Spontankäufe zu vermeiden, nehmen Sie einen Einkaufszettel mit und halten Sie sich daran.
3. Wenn Sie gern schlendern und stöbern, lassen Sie Ihr Geld und EC-Karten zu Hause.
4. Fragen Sie andere, bevor Sie ihnen etwas kaufen.
5. Nehmen Sie keine (Konsum-)Kredite auf und zahlen Sie Ihren Dispokredit zurück. Anschließend sprechen Sie mit Ihrer Bank und lassen den Dispo auf null setzen.
6. Arbeiten Sie an Ihrer Frustbewältigung und versuchen Sie Ihren inneren Wert zu erkennen, auch wenn andere es nicht tun.
7. Verschenken Sie kein Geld. Wenn Sie jemandem etwas schenken möchten, hinterfragen Sie, ob Sie insgeheim eine Gegenleistung erwarten. Ist die Antwort «ja», schenken Sie nichts.
8. Kümmern Sie sich um sich selbst, indem Sie Ihre Finanzen ordnen. Eigenfürsorge ist wichtig für Ihre langfristige finanzielle Sicherheit.
9. Lernen Sie, konsequent zu sparen und zwar zum Zeitpunkt des Geldeingangs (nicht erst dann, wenn am Ende des Monats noch etwas übrig bleiben sollte).
10. Schreiben Sie folgenden Satz auf einen Zettel und kleben Sie ihn an eine gut sichtbare Stelle in Ihrer Wohnung/Ihrem Haus: «Ich bin erwünscht.»

08.
Der Wohlstand der **DREI**

Erfolg und finanzieller Wohlstand ist für die DREI etwas, das sie sich verdienen muss. Sie orientiert sich gern daran, was andere für sich als «Wohlstand» und «Erfolg» definieren, und findet einen Weg, dem so nah wie nur irgend möglich zu kommen. Immer mit dem Ziel im Hinterkopf, eigentlich noch mehr zu erreichen.

Versagen ist für die DREI inakzeptabel, da sie sich durch die Anerkennung ihrer Mitmenschen definiert. In Gesprächen ist zu erwarten, dass eine DREI ausschweifend über ihren beruflichen Erfolg fabuliert und alles größer, schöner und besser darstellt, als es objektiv betrachtet ist. Vermögen rundet sie dabei gern großzügig auf. Man muss ja nicht so kleinlich an Zahlen kleben. Nur wer sich große Ziele setzt, wird diese auch erreichen. Eine aktuelle, eher schlechtere finanzielle Ausstattung ist nur eine kleine Episode auf dem Weg zum großen Reichtum. In ihren Augen wirklich nicht der Rede wert.

Unreife DREIer wirken auf andere wie Angeber und werden tendenziell eher als unangenehm empfunden. Wenn sie ihre Gabe vollends ausleben, sind sie wie Leuchttürme mit 100.000 Watt, die alles in ihrer Umgebung blenden. Andere werden wie Motten von ihrem Licht angezogen und wollen bei der DREI sein, um etwas von ihrem Glanz abzubekommen. Doch zu nah lässt die DREI niemanden herankommen. Es könnte ja jemand bemerken, dass der Leuchtturm nur Fassade ist und das helle Licht von einer kleinen Kerze herrührt, lediglich umgeben von vielen Spiegeln.

„Es ist sehr schwierig, einem Image gerecht zu werden."

Elvis Presley, Sänger

Die unreife DREI ist stets um ihr Image bemüht und neigt daher zum Opportunismus. Was gerade «in» ist, ist für diesen Typ gerade gut genug. Sie möchte um jeden Preis gewinnen, dafür sind ihr auch unlautere Mittel recht. «Der Zweck heiligt die Mittel» ist die Devise der unreifen DREI. In ihrer niedrigsten Ausprägung kann sie sich bis zur narzisstischen Persönlichkeit entwickeln.

«Normale» DREI: Der Selbstwert der normalen DREI ist stark an den gefühlten Erfolg geknüpft. Sie ist stets besorgt, ob ihre Leistung ausreichend ist und fürchtet sich geradezu vor Fehlern. Gutes wird gern aufgebauscht, Schlechtes unter den Teppich gekehrt. Die größte Angst dieser DREI ist es, in den Augen anderer unwürdig zu scheinen.

Reife DREI: Bei diesem Typ ist echtes Selbstbewusstsein zu spüren. Sie ist bereit, sich weiterzuentwickeln, und motiviert andere, es ihr gleichzutun. Diese DREI kann auf sich und ihre inneren Werte vertrauen. Sie kann auch mal über sich selbst lachen und ist nicht mehr so stark auf ihre Wirkung auf andere fixiert. Sie weiß: «Ich bin gut, wie ich bin.»

DREIer fühlen sich als Gewinnertyp und werden gern von anderen so wahrgenommen. Sie haben eine hohe Eigenmotivation und suchen ständig nach Bereichen, in denen sie glänzen können. DREIer werden oft von anderen um ihren Erfolg beneidet. Den Aufwand, den die DREI hierfür betreibt, nehmen ihre Mitmenschen aber meist gar nicht wahr. Die DREI überkommt manchmal das Gefühl, besser zu sein als die meisten in ihrem Umfeld. Dies ist auch nicht ganz von der Hand zu weisen – nur wenige andere Typen können ihre gesteckten Ziele so konsequent verfolgen und erreichen sowie direkt oder indirekt bei den unterschiedlichsten Gelegenheiten erwähnen.

Die Inkompetenz oder den fehlenden Antrieb bei anderen kann die DREI nur schwer ertragen. Mein Mann ist eine DREI, und oft fragt er mich: «Wenn der Weg zu Wohlstand und Erfolg doch so klar vor mir liegt, warum gehen die Leute ihn nicht einfach?» Er ist sehr umsetzungsstark, findet immer einen Weg und ermutigt dabei gleichzeitig seine Mitmenschen. Immer wieder bin ich von seinem praktischen Denken und seiner Effizienz beeindruckt. Wo ich als EINS noch in Gedanken Argumente sortiere, hat er als DREI die Lösung schon halb umgesetzt.

„Ich kann mich sehr gut selbst motivieren."

DREIer sind wahre Macher und werden von anderen Typen gern eingesetzt, um Ergebnisse zu erzielen. Durch Lob, Anerkennung und Geld lassen sich manche DREIer verleiten, nicht mehr ihrem Weg zu folgen und den Blick für die Realität zu verlieren. Ein gutes Beispiel hierfür ist der ehemalige Radprofi Lance Armstrong. Er wurde von allen für seine erfolgreichen Radrennen gefeiert. Er war ein Star und hat den Rummel um seine Person in vollen Zügen genossen. Als er dann merkte, dass andere Fahrer besser wurden, ließ er sich zum Doping verleiten. In einer späteren Presseerklärung ließ er verlauten, dass er so gern gewonnen habe und die Menschen ihn so gern haben gewinnen sehen.

Wenn Sie in der Presse von Betrügereien lesen und dort steht: «Warum hat das niemand bemerkt? Herr XY hat doch immer so einen guten Eindruck gemacht.«, dann war es wahrscheinlich eine DREI, die sich das für sie perfekte Image aufgebaut hat, um ihre Ziele zu erreichen.

Das Image des erfolgreichen, leistungsorientierten Machers soll auf keinen Fall getrübt werden. Um dieses Bild aufrechtzuerhalten, ist die unreife DREI bereit, viele Kredite aufzunehmen. DREIer, die ihren Beruf verlieren oder bei denen es finanziell nicht gut läuft, versuchen krampfhaft, so lange wie möglich den schönen Schein zu wahren. Wenn man sie sprechen hört, ist alles prima und könnte gar nicht besser laufen. Es werden gern Erfolgsgeschichten aus der Vergangenheit hervorgeholt und mit so viel Begeisterung und Gefühl vorgetragen, dass jeder meinen könnte, er wäre selbst dabei gewesen. Dabei wird die DREI die schönen Seiten besonders ausschmücken und wortreich erläutern.

Einkommen: die DREI im Berufsleben

Durch ihr sicheres und kommunikatives Auftreten kann die DREI andere blenden und sie dazu bringen, ihr zu glauben und zu vertrauen. Die DREI hat eine unglaublich hohe Energie und daraus resultierende Umsetzungsstärke. Sie ist bereit, sehr viel für ihren Erfolg zu leisten, und kann dabei weit über ihre eigentlichen Grenzen hinausgehen. Dadurch schafft es eine DREI, tatsächlich viele Erfolge zu erzielen, und wird häufiger als andere mit Gehaltserhöhungen und Beförderungen bedacht. Dies ist auch dringend erforderlich für die DREI, da es ihr, neben verbalem Lob, wichtig ist, entsprechend sichtbar für die Leistung entlohnt zu werden. Ein Mitarbeiter vom Typ DREI steht regelmäßig im Büro des Chefs und fragt nach mehr Anerkennung, insbesondere in Form von Geld und Titeln. Typische Berufe einer DREI sind Rechtsanwälte, Politiker, Ärzte, Unternehmer, Verkäufer, Berater oder Investmentbanker.

Finanzielle Sicherheit und materieller Wohlstand sind einer DREI besonders wichtig. Sie arbeitet viel, um sich ein solides Fundament zu bauen und das Gefühl von Sicherheit und Wert zu erhalten. Sie identifiziert sich mit wirtschaftlichem Erfolg und hofft, durch das Anhäufen von Materiellem die Überlebensangst zu bewältigen. Dies ist aber eine Selbsttäuschung, da die DREI nie so viel Geld anhäufen kann, um alle ihre Ängste zu bezwingen.

Konsumverhalten der DREI

Der Typ DREI hat seine Herausforderung auf der Ausgabenseite. Dies ergibt sich aus dem inneren Antreiber, den erlangten Erfolg auch zur Schau zu stellen. Oft ist dies damit verbunden, bestimmte Statussymbole anzuschaffen. Zum einen lebt die DREI nach der Devise «Tue Gutes und rede darüber», zum anderen ist sie stark wettkampforientiert. Je nachdem, wie die DREI «Erfolg» für sich definiert, kann es zu hohen Ausgaben kommen, um der Gewinner sein zu können. Typisches DREIer-Verhalten spiegelt sich beispielsweise in der Frage: «Wer hat das sauberste Auto?» Um alle Nachbarn auszustechen, wird dabei jeden Tag in die Waschstraße gefahren oder poliert, was das Zeug hält.

Erinnern Sie sich vielleicht noch an den alten Werbespot: «Mein Haus, mein Boot, mein Auto ...»? Mit perlweißen Zähnen grinst uns der Mann entgegen. Das sieht sehr nach einer DREI aus. Sie erzählt gern über ihre Erfolge und bauscht sie im Zweifel etwas auf, um noch mehr Eindruck zu schinden. Mit großer Beharrlichkeit verfolgt die DREI ihre Ziele und bringt es daher oft zu einigem materiellen Erfolg wie einem schönen Haus oder teuren Markenartikeln.

In meinem Beruf in einer Bank habe ich naturgemäß viele DREIer um mich herum. Es ist für mich immer wieder erstaunlich zu sehen, mit welch teuren Anzügen die Kollegen, im Verhältnis zu ihrem Gehalt, herumlaufen und welche Autos sie fahren. Natürlich geleast oder finanziert, aber die Hauptsache ist, dass es sich um ein sehr, sehr teures Auto handelt. Statussymbole. Wenn ich dann nachhöre, wie es sonst so finanziell aussieht, wird das schönste Bild gezeichnet. Doch im Endeffekt ist vieles nur mit Kredit finanziert, und es besteht kaum Eigentum.

Die DREI neigt dazu, im Verhältnis zu ihrem Einkommen überteuerte Dinge zu kaufen, aus dem Glauben heraus, sie müsse das einfach haben. Kommt eine DREI in finanzielle Bedrängnis, wird sie ihren Konsum so lange wie möglich aufrechterhalten, damit niemand merkt, was eigentlich los ist. Es wird weiterhin auswärts gegessen, ebenso bleiben die Termine für Maniküre oder Wellness bestehen. Hierbei geht es weniger um die Befriedigung der eigenen Bedürfnisse, sondern um den Gedanken, was andere von ihr halten. Die DREI ist bei ihrer Bewertung mehr bei den anderen als bei sich selbst.

„The show must go on!"

Liedtext von Queen

Darüber hinaus legen DREIer sehr viel Wert darauf, wie sie bei anderen optisch ankommen. Das bedeutet, dass sie einen vergleichsweise höheren Wert auf ihr Äußeres legen. Frauen vom Typ DREI gehen, wenn überhaupt, nur unter Protest ungeschminkt aus dem Haus – was sollen denn schließlich die Nachbarn denken?! Schauspieler und Models gehören häufig diesem Typ an und verkörpern gern das Bild von Stärke (Männer) und Sinnlichkeit (Frauen). Männer vom Typ DREI sind gepflegt und wissen sich gut zu präsentieren. Selbst kleinere Makel wie ein dickeres Bäuchlein wirken bei einer DREI irgendwie passend und gut aussehend. Die DREI achtet darauf, was bei anderen gut ankommt, und kleidet sich entsprechend. Typische

DREIer gehen gern und oft ins Solarium, lassen sich die Nägel machen, Zähne bleichen und Haare färben. Für die körperliche Attraktivität gehen sie ins Fitnessstudio und, wenn das nicht mehr hilft, legen sich auch gern mal unters Messer.

Die DREI mag es, gesellschaftlich anerkannt zu werden, und sammelt Zertifikate, Auszeichnungen und Titel geradezu leidenschaftlich. Sehr gern schmückt sich die DREI mit einem akademischen Titel, da dies ein direktes, äußerlich erkennbares Zeichen ihres Erfolgs ist. Auch unter den Käufern von Adelstiteln befinden sich eher DREIer.

Eine Herausforderung für Typ DREI ist es, das Konsumverhalten so zu steuern, dass sie sich auch in Geduld übt. Leicht neigt die DREI dazu, ebenso wie die ZWEI und VIER, Kredite aufzunehmen, um ihren Lebensstil zu finanzieren. Die DREI kauft sich eher Dinge, die außerhalb ihres verfügbaren Budgets liegen. Da sie in der Regel kein schlechtes Einkommen hat, werden ihr Kredite hierfür gewährt. Die Gefahr besteht darin, dass sich die DREI an einen Lebensstil gewöhnt, um andere zu beeindrucken. Sie gerät in ein unnötiges Abhängigkeitsverhältnis.

Sie kauft Dinge, die sie nicht braucht, von Geld, das sie nicht hat, um Menschen zu beeindrucken, die sie nicht mag.

Null Prozent Finanzierungen wiegen sie in der Sicherheit, dass sie nichts extra bezahlt. Sie redet sich jedoch ein, dass sie das Geld, das sie sparen würde, investieren könnte. Das geschieht aber im Grunde nie. Darüber hinaus verliert sie die Übersicht über die Gesamtheit der Kredite. Und auch hier gilt: Viele kleine Beträge machen das große Ganze aus. Da die meisten Konsumgüter keine lange Halbwertszeit haben, kommt man aus dieser Spirale nicht heraus. Ist z. B. das neue Handy finanziert und mittlerweile nicht mehr State of the Art, muss gleich das neue

Gerät her. Dabei ist das alte vielleicht noch nicht mal abbezahlt, und für das neue wird wieder ein Kredit aufgenommen. Das gleiche Muster gilt für die Nutzung des Dispos. Meist haben DREIer einen recht passablen Dispokredit von ihrer Bank eingeräumt. Auch hier gilt: am besten einfach vergessen, dass er da ist, oder ihn aktiv zurücksetzen lassen.

Investitionsverhalten der DREI

Die DREI kann, wenn sie Erfolg für sich als finanziellen Erfolg definiert, ein erhebliches Vermögen aufbauen. Es kommt primär darauf an, dieses Ziel als Erfolg zu empfinden. Die DREI kommt dann recht schnell dazu, die richtigen Schritte zu gehen. Eine DREI, die sich im Konsum mäßigt und stattdessen Geld investiert, hat sehr gute Chancen.

Die DREI investiert in viele verschiedene Produkte. Der Nutzen muss für sie klar erkennbar und im Großen und Ganzen auch verständlich sein. Am Wichtigsten ist, dass am Ende für sie mehr herauskommt, als sie eingesetzt hat. Sie möchte auch in finanziellen Dingen Erfolg haben.

Die Herausforderung für die DREI ist es, hinter die Hochglanzprospekte und überzogenen Versprechen zu schauen. Die unreflektierte DREI fühlt sich davon angezogen, weil sie selbst genauso agiert. Sie erkennt die Täuschung dahinter nicht so leicht. Eine reife DREI kann kritischer darauf schauen und erkennen, wo bewusst überzogen oder sogar etwas gemogelt wird.

Erkennen Sie sich in der Beschreibung des Typs DREI? Als DREI mit dem Ziel, finanziell sicher aufgestellt zu sein, werden Sie sich nicht nur darum kümmern, Ihre Einnahmen zu optimieren, sondern auch schauen, wie Sie von Ihrem verfügbaren Geld einen Teil so investieren, dass Sie eine gute Rendite erzielen. Die DREI traut sich bei Geld etwas zu – so wie in allen anderen

Lebensbereichen. Aber es ist nicht nur Ihr Mut, der Sie belohnt, sondern ebenso, dass Sie sich über renditestarke Investitionsmöglichkeiten informieren. Sic können sich regelrecht dafür begeistern, welche Möglichkeiten bestimmte Investments bieten und lassen andere gern an Ihrem Wissen teilhaben. Natürlich nicht ohne zu erwähnen, wie unglaublich erfolgreich Sie bereits damit gewesen sind.

Die DREI investiert eher im mittleren bis höheren Risikobereich. Sie wird weniger in festverzinslichen Papieren oder Bausparverträgen angelegt haben. Dafür geht sie in Aktienmärkte, Kryptowährungen und Immobilien. Gerade die Investments, über die viel gesprochen wird, wird sich eine DREI auf jeden Fall ansehen.

Wohlstandsstrategien der DREI

Die DREI hat sehr gute Voraussetzungen für finanziellen Erfolg. Ihre Achillesferse ist das Konsumverhalten, wenn es aus einem schwachen Selbstwertgefühl resultiert. In diesem Fall ist der Konsum auf einem verhältnismäßig hohen Niveau. Hier ist es ratsam, sich zunächst einen Überblick über die Einnahmen und Ausgaben zu verschaffen. Seien Sie ehrlich bei der Aufstellung. Wenn Sie hier mogeln, betrügen Sie nur sich selbst.

Wenn Sie sich nur schwer hierfür motivieren können, holen Sie sich Unterstützung, am besten von einer ACHT oder EINS. Eine Zusammenarbeit mit einem dieser beiden Typen wird Sie finanziell am weitesten bringen. Aber Achtung: Beide Typen reagieren empfindlich auf das Unechte. Bleiben Sie bei der Wahrheit und Sie werden einen unglaublichen Aufschwung erhalten.

Der folgende Zehn-Punkte-Plan ist für Sie ein guter Startpunkt und kann eine Standortbestimmung sein. Typisch für die DREI wäre es, wenn Sie nach den zehn Schritten merken, wie sich die ersten Erfolge einstellen und Sie energiegeladen durchstarten. Hierfür habe ich in Kapitel 13 weiteren Input zusammengestellt. Beginnen Sie aber zunächst mit diesen Punkten:

1. Behalten Sie Ihre Ausgaben im Blick, indem Sie für mindestens drei Monate ein Haushaltsbuch führen. In Kapitel 13 finden Sie Hinweise hierzu.
2. Setzen Sie sich ein Vermögensziel, und legen Sie sich einen Zettel mit dem Betrag ins Portemonnaie.
3. Nehmen Sie sich Zeit für Pausen. Manchmal reichen ein paar tiefe Atemzüge bei geschlossenen Augen, um Ihre Batterien wieder aufzuladen.
4. Reduzieren Sie Ihre Ausgaben im Bereich Beauty (Solarium, Maniküre, Haare färben, etc.).
5. Beschäftigen Sie sich mit einer ausgewogenen Investitionsstrategie.
6. Lösen Sie Ihren Selbstwert von Ihren Rollen und verzichten Sie darauf, alles um Ihr Image herum aufzubauen.
7. Nehmen Sie keine Konsumkredite auf, zahlen Sie bestehende zurück.
8. Zahlen Sie Ihren Dispokredit zurück, falls vorhanden, und kündigen Sie den Rahmen auf. Sollte der Disporahmen in größerem Umfang ausgenutzt sein, sprechen Sie mit Ihrer Bank und schulden Sie auf eine günstigere Kreditart um.
9. Überlegen Sie und schreiben Sie Ihre Antwort auf: Wer sind Sie ohne Ihren Erfolg?
10. Üben Sie sich darin, Zeit mit sich allein zu verbringen. Gehen Sie jeden Tag mindestens zehn Minuten allein und ohne Ihr Handy spazieren.

09.
Der Wohlstand der **VIER**

Die VIER ist einer der schillerndsten Persönlichkeitstypen im Enneagramm. Meist ist sie extrovertiert und hat einen besonderen Hang zur Selbstdarstellung. Sie ist in ihrem Inneren stets auf der Suche nach ihrem wahren Ich und ihrer Bestimmung, sucht die Antwort aber eher im Außen. Sie braucht die Rückkopplung mit anderen, um sich zu vergleichen. Sie sucht die Zugehörigkeit, findet im Außen aber vielmehr das Trennende zu allen anderen. Bevor wir uns Konsum- und Investitionsverhalten der VIER genauer ansehen, rekapitulieren wir die drei Energielevel.

„Melancholie ist das Vergnügen, traurig zu sein."

Victor Hugo, Schriftsteller

Unreife VIER: Die unreife VIER romantisiert und dramatisiert gleichermaßen. Wenn ihre romantischen Vorstellungen nicht erfüllt werden, wird das Drama unglaublich groß. Sie ist ein Meister darin, aus einer sprichwörtlichen Mücke einen Elefanten zu machen – eine echte Drama Queen bzw. ein Drama King. Sie schwelgt in Melancholie und lässt sich teilweise zu einer gewissen Todessehnsucht hinreißen. Im niedrigsten Energielevel betäubt sie sich mit Alkohol, Drogen oder sucht, in letzter Stufe und wenn alles in ihren Augen einfach keinen Sinn mehr ergibt, eine Erlösung im Tod.

«Normale» VIER: Dieser Typ fühlt sich alles andere als normal. Die Bezeichnung wäre für sie schon eine Beleidigung an sich. Die VIER fühlt sich anders und drückt dies oft auch durch ein individuelles Äußeres aus. Gewöhnlichkeit ist für sie unglaublich langweilig, wodurch sie sich gern in Fantasiewelten flüchtet. Die innere Spannung entsteht dadurch, dass sie sich so sehr geliebt fühlen möchte, aber nirgends zugehörig fühlt. Für andere ist der Umgang mit einer VIER manchmal schwierig, da sie von himmelhoch jauchzend bis zu Tode betrübt alle Gefühle zeigt. Das überfordert andere, und sie können sich oft nicht vorstellen, dass diese Gefühls-Achterbahn echt ist. Tatsächlich kann die VIER gegensätzliche Emotionen in sehr schneller Abfolge durchleben und dies auch aushalten.

Reife VIER: Sie ist sehr kreativ und inspirierend für andere. Sie ist höflich und taktvoll und schafft es, ihre Erfahrungen in etwas Wertvolles zu transformieren. Dieser Typ hat einen feinen Sinn für die Ironie des Lebens und nimmt sich selbst auch nicht zu ernst. Sie weiß um die Besonderheit eines jeden Einzelnen und schafft es immer mehr, auch das Verbindende zwischen Menschen wahrzunehmen. Die reife VIER ist eine unermüdliche Quelle an Ideen und kann andere davon begeistern. Sie hat eine hohe Umsetzungskompetenz und bereichert dadurch das Leben vieler Menschen.

„Wer bin ich?"

Die VIER ist im Inneren und Äußeren besonders und damit für viele andere auch sehr anziehend. In den Augen ihrer Mitmenschen hat sie das gewisse Extra. Nicht umsonst finden sich insbesondere unter Künstlern, Schauspielern und Sängern viele VIERer. Sie haben eine besondere Aura und schaffen es, andere scheinbar mühelos in ihren Bann zu ziehen. Teilweise haben sie einen Hang zum Exzentrischen, was sie für andere noch faszinierender macht. Durch ihre Fähigkeit, Fans anzuziehen, gelingt es vielen VIERern, mit ihren Talenten ein beträchtliches Einkommen zu erzielen. Ihre Fähigkeit zur Wandlung verschafft ihnen dazu ein großes Zeitfenster, in dem sie interessant für andere sind. Dies gilt nicht nur für die großen Schauspieler und Künstler, sondern ist das große Potenzial einer jeden VIER.

Auf der Ausgabenseite fällt es der VIER hingegen schwer, das Geld zu halten. Geld an sich hat für sie erst einmal keine große Bedeutung. Was man davon kaufen kann, hingegen schon. Über ihr Verhältnis zu Geld sagte Cher, die berühmte Sängerin: «Geld war mir immer egal. Ich bin nicht dazu bestimmt, eine reiche Frau zu sein. Ich bin dazu bestimmt, eine Frau zu sein, die viel Geld verdient und gleichzeitig nie welches hat. Ich habe Millionen über Millionen über Millionen verdient und ich habe sie einfach ausgegeben.»

Die VIER ist in der Lage, in kurzer Abfolge die unterschiedlichsten Gefühle wahrzunehmen, manchmal sogar überlappend. Ihre Stimmung schwankt oftmals ohne ersichtlichen Grund. Gerade noch fröhlich, beginnt sie plötzlich zu weinen. Sie fühlt sich innerlich verlassen, daher mag sie traurige Filme, Lieder und Geschichten. Die VIER kann so sehr damit verschmelzen, dass sie meint, sie sei selbst betroffen. Besonders einige Lieder der Band «BeeGees» spiegeln das Seelenleben einer VIER wider. Die Falsettstimme von Robin Gibb scheint sie in andere Sphären zu leiten. Hören Sie sich beispielsweise «I started a joke», «Another lonely night in New York» oder auch etwas rockiger «One» an und achten Sie auf den Text. Sie spüren am musikalischen Arrangement und dem Liedtext sehr schön die Wehmut und Melancholie, die die VIER ihr Leben lang begleitet. Diese Lieder verdeutlichen, wie sich die VIER immer irgendwie missverstanden gefühlt hat und alles auf ihre ganz eigene, spezielle Art macht.

Einkommen: die VIER im Berufsleben
Manche VIERer stehen in einem besonderen Spannungsfeld zwischen dem Wunsch nach materieller Absicherung und dem Bedürfnis, sich vom Materialismus freizumachen und nur sie selbst sein zu dürfen. So kann es aus finanzieller Sicht zu einigen unklugen Entscheidungen kommen wie z. B. die gegen

eine gute Karriere oder für ein erfüllendes Hobby, das die VIER gerade so am Existenzminimum hält. Sie möchte dann dafür bewundert werden, dass sie diesen finanziellen Rückschritt in Kauf nimmt, um einfach nur zu sein. Da dieses Verhalten nicht aus ihr heraus entsteht, sondern aus einer Rückkopplung von anderen, ist sie nicht sie selbst, sondern Spielball der Gefühle anderer. Sie verringert somit bewusst ihre Einnahmen, sabotiert sich in dieser Weise gewissermaßen selbst, um für ihre Leidensfähigkeit Anerkennung zu bekommen. Dies kann auch ein Grund sein, warum manche VIERer nicht aus der Arbeitslosigkeit herauskommen. Im Hinblick auf die Autonomie und Einkommensseite ist ein solches Verhalten natürlich fatal. Diese VIER sonnt sich geradezu darin, dass sie schon so viele Bewerbungen geschrieben hat, aber es doch nicht klappt. Was ihr nicht alles Schreckliches im Leben widerfahren ist! Trotzdem leidet sie einfach still vor sich hin. Sie gefällt sich in dieser Opferrolle und auch darin, diese auszuschmücken. Der Antrieb, aus dieser Situation etwas zu verändern, kommt einem Kraftakt gleich, der an allererster Stelle die Erkenntnis der eigenen Motivation bedeutet. Wenn ich Ihnen sage, dass dies ein Weg von leidvoller Erkenntnis sein könnte und Sie das gerade anspricht, dann könnten Sie eine VIER sein.

Die VIER ist oft als Künstler, Tänzer, Schriftsteller, Architekt oder Musiker tätig. Gern geht sie auch geistigen und spirituellen Interessen nach oder beschäftigt sich mit den schönen Dingen des Lebens. Kreative Problemlösungen und das Gefühl, an etwas Besonderem zu arbeiten, sind ihr wichtig. Oft begleitet sie Menschen als Coach oder Psychologin in ihre seelischen Tiefen und holt das Beste aus ihnen heraus. Die VIER kann das, was andere Menschen als «seelische Abgründe» bezeichnen würden, sehr gut aushalten. Sie ist daher auch in der Seelsorge, im Hospiz oder der Trauerbegleitung zu finden. Berührungsängste mit Sterbenden oder generell dem Tod sind für sie Fremdwörter.

Der Tod hat für die VIER etwas Magisches und Mystisches an sich, was sie eher anziehend findet. Kann eine VIER ihre künstlerische Seite nicht in ihrem Beruf ausleben, empfindet sie ihn wie ein Gefängnis. Findet sie keinen Ausgleich in der Freizeit, wird die VIER immer unglücklicher.

Sie achtet sehr stark auf Authentizität, und es ist ihr wichtig, dass sie sich mit dem identifiziert, was sie macht. Sie braucht den tieferen Sinn des Tuns, sonst fühlt sie sich stumpf und leer. Sie kann nur schwer Routinearbeiten erledigen oder sich Details ansehen und auswerten. Sie ist auf einer höheren Flughöhe unterwegs. Zu viele Details strengen sie an, erscheinen ihr trivial und geradezu profan. Alles, was Routine ist, kommt ihr sehr gewöhnlich vor. Etwas, was die VIER unter allen Umständen vermeiden möchte.

Wie wir gleich sehen werden, ist die Abneigung gegenüber Routinen und Details einer der Hauptfaktoren dafür, dass die VIER entweder schwer zu Geld kommt oder, wenn sie es hat, nur schwer halten kann. Die VIER ist einer der Enneagrammtypen mit den meisten Herausforderungen in Bezug auf langfristigen, nachhaltigen Wohlstand. Sie ist eben auch in dieser Hinsicht besonders.

Konsumverhalten der VIER
Der Drang nach Abwechslung und der Wunsch, Langeweile zu vermeiden, führt dazu, dass die VIER einen Großteil, wenn nicht sogar ihr gesamtes Einkommen ausgibt. Sie kann auch sparen, aber dann nur, um sich etwas ganz Besonderes leisten zu können. Sparen erfüllt keinen anderen Zweck, als den Konsum für etwas Schönes notwendigerweise aufschieben zu müssen. Wenn die VIER das Geld sofort verfügbar hätte, würde sie nicht sparen.

Die VIER kauft gern Produkte, die eine besondere Bedeutung für sie haben. Sie neigt dazu, Gegenstände zu sammeln, um die Gefühle, die sie damit verbindet, immer wieder aufrufen zu können. Hierbei zieht sie eine abwechslungsreiche, gern auch extravagante Einrichtung vor. Das Besondere an jedem dieser Teile wird von der VIER gefeiert. Allein beim Anblick eines bestimmten Gegenstands kann sie wie auf Kommando losweinen. Sie ist einfach seelisch so damit verbunden, dass sie sich sofort in die Erinnerung zurückversetzen kann, die sie mit dem Gegenstand verbindet.

Um ihre Besonderheit auch äußerlich zu unterstreichen, wechselt die VIER gern ihre Frisur oder Haarfarbe. Frauen lassen sich besonders auffällige Nägel lackieren und tun dies sehr regelmäßig. Tattoos sind insbesondere bei der VIER beliebt und geeignet, um sich von der Masse abzuheben. Auch nutzt eine VIER das Äußere, um andere zu provozieren: VIERer sind beispielsweise häufig in der Punk-Szene anzutreffen. Hervorgerufen durch zu viel Gleichmacherei im Elternhaus, sucht die VIER eine Flucht aus der Enge und Konformität. Ein probates Mittel hierfür ist natürlich in erster Linie die Kleidung.

Die VIER ist bereit, für ihren modischen Geschmack tief in die Tasche zu greifen. Ihr geht es weniger darum, einen bestimmten Markenartikel im Sinne eines Statussymbols zu erwerben, sondern um das besondere Gefühl, welches das Tragen einer Marke bei ihr auslöst, oder um das, was sie damit verkörpern möchte.

Die VIER ist in ihrem Konsumverhalten hauptsächlich von ihren Gefühlen geleitet. Fühlt sich die VIER zum Beispiel unglücklich, betäubt sie sich mit Nahrungsmitteln wie sehr kohlehydratreichen Speisen, Schokolade, Alkohol und auch mit Medikamenten.

Die Suche nach dem wahren Selbst ist eines der wichtigsten Lebensthemen der VIER. Sie ist ständig auf der Suche nach dem höheren Sinn und der Erleuchtung. Dadurch ist sie ein häufiger Kunde in allen möglichen Selbstfindungsseminaren, Anhänger von Gurus oder anderen spirituellen Führern.

Die VIER sehnt sich nach Zugehörigkeit und Liebe. Sie ist daher auch in Gemeinschaften besonders künstlerischer oder spiritueller Art zu finden, in denen sie bereitwillig Geld gibt. Dies kann so weit gehen, dass sie sich einer Sekte anschließt und ihr ganzes Geld überschreibt.

Investitionsverhalten der VIER
Klassische Anlageprodukte sind für eine VIER zu langweilig. Sie interessiert sich eher für optisch ansprechende Investitionen wie beispielsweise Gemälde, Skulpturen, architektonisch außergewöhnliche Häuser und Ähnliches. All diese Investitionsmöglichkeiten sind immer mit einem Gefühl verbunden. Eine reine Kopfentscheidung, weil etwas sinnvoll ist, fühlt sich für die VIER nicht richtig an.

Die VIER verpasst häufig gute Investitionsmöglichkeiten, da sie nur aktiv wird, wenn sie selbst in der richtigen Stimmung ist. Auf der anderen Seite kann es passieren, dass sich die VIER aufgrund ihrer Stimmung zu unseriösen Investitionen hinreißen lässt. Dann hört man beispielsweise: «Es fühlte sich in dem Moment so gut an. Da habe ich einfach zugeschlagen.»

Die VIER hat zwei große Herausforderungen: Die eine ist, sich für ein Ziel zu committen, also wirklich dafür einzustehen und die notwendigen Schritte zu gehen. Im Bereich Finanzen kann dies gelingen, wenn das Zielbild «Wohlstand» mit möglichst vielen (positiven) Emotionen verknüpft wird und idealerweise ein Visionscoaching hierzu gemacht wurde. Dann hat die

VIER die Chance, sich in unmotivierten Situationen diese Vision emotional hervorzurufen und sich zum Handeln aufzuraffen.

Die zweite Herausforderung ist das Entkoppeln der Gefühle von ihren Investitionsentscheidungen (dies gilt gleichermaßen auch für den Konsum). Natürlich kann jeder nachvollziehen, dass bei Entscheidungen auch das berühmte Bauchgefühl eine Rolle spielt. Aber es ist etwas anderes und in finanzieller Hinsicht geradezu fahrlässig, sich vollständig davon leiten zu lassen.

Wohlstandsstrategien der VIER
Wohlstand ist für Sie als VIER eine besondere Herausforderung. Sowohl auf der Einnahmen- als auch auf der Ausgabenseite. Wichtig für Sie ist, Ihre Einnahmen zu prüfen: Verdienen Sie Ihr Geld mit dem, was Sie im tiefsten Herzen lieben? Wenn nicht, leben Sie Ihre Kreativität anderweitig aus? Der Weg zu Ihrem Wohlstand führt über Ihren Trostpunkt: die EINS. Sie können sich eine EINS aus Ihrem Umfeld suchen und manche der Punkte gemeinsam angehen. Wenn Sie selbst entspannt sind, können Sie auch aus eigener Energie heraus von der Selbstzentriertheit hin zu einer objektiven Haltung gelangen. Diese wird Ihnen helfen, gute Finanzentscheidungen zu treffen. Die folgenden zehn Punkte sind individuell für den Typ VIER zusammengestellt.

1. Lernen Sie, Ihre Kaufentscheidungen von Ihren Gefühlen zu entkoppeln. Schreiben Sie bei jedem Einkauf einen Einkaufszettel, und halten Sie sich daran.
2. Bei größeren finanziellen Entscheidungen (Ausgaben oder Investitionen) schreiben Sie eine Pro-und-Contra-Liste und üben sich im rationalen Entscheiden.
3. Üben Sie sich in Selbstdisziplin, fangen Sie klein an und steigern Sie sich über die Zeit. Beispielsweise: Stehen Sie an fünf Tagen in der Woche immer um die gleiche Uhrzeit

auf und gehen Sie zur gleichen Zeit ins Bett. An den anderen beiden Tagen halten Sie es, wie es Ihnen gefällt.
4. Schaffen Sie Routinen und lernen Sie Ihren Wert kennen. Notieren Sie, was Sie durch eine bestimmte Routine gewonnen haben, z. B. Zeit für Ihre Freizeitaktivitäten.
5. Kleben Sie einen Zettel mit folgendem Satz an einen Ort, den Sie häufig sehen: «Wir alle sind Teil eines großen Ganzen.»
6. Lernen Sie, sich wohlhabend zu fühlen. Sparen Sie 500 Euro zusammen und verstecken Sie fünfmal 100-Euro-Scheine in Ihrem Portemonnaie. Gehen Sie nie, nie, nie an dieses Geld. Wenn Ihnen 500 Euro nicht viel vorkommt, nehmen Sie fünf Prozent Ihres Einkommens.
7. Zahlen Sie Ihren Dispokredit zurück, falls vorhanden, und kündigen Sie den Rahmen auf. Sollte der Disporahmen in größerem Umfang ausgenutzt sein, sprechen Sie mit Ihrer Bank und schulden Sie auf eine günstigere Kreditart um.
8. Machen Sie keine (Konsum-)Schulden. Wenn Sie bereits Schulden haben, führen Sie sie zurück und nehmen Sie keine neuen auf.
9. Legen Sie sich einen Dauerauftrag zum Sparen von fünf bis zehn Prozent Ihres Einkommens auf Ihrem Sparkonto an. Wie das genau funktioniert, lesen Sie gern in Kapitel 13 nach.
10. Suchen Sie sich spontan aus den folgenden Themen eines aus und beschäftigen Sie sich in den nächsten drei Monaten mindestens eine Stunde pro Woche mit dem Thema Ihrer Wahl. Stellen Sie dazu einen Termin mit sich selbst ein. Notieren Sie jede Woche zwei neue Erkenntnisse, die Sie gewonnen haben. Beispielthemen: Aktien, Börse, Kryptowährungen, Immobilien, Edelmetalle als Anlage, Versicherungen, Kunst als Investition.

10.

Der Wohlstand der **FÜNF**

Angebot und Nachfrage – ein Konzept, das die FÜNF sehr gut kennt. In ihrer Welt besteht stets mehr Nachfrage als Angebot. In allem, was sie umgibt, empfindet sie zunächst ein Gefühl von Mangel: Soziale Interaktionen werden wohl dosiert aus Sorge, die innere eigene Kraft könnte nicht ausreichen. Ebenso geht es der FÜNF mit ihrem Besitz. Was, wenn es nicht reicht?

Eine FÜNF sagt von sich selbst, dass sie materieller Besitz nicht glücklich macht. Auf der anderen Seite fällt es ihr sehr schwer, großzügig zu sein. Sie merkt diesen inneren Zwiespalt und findet nur schwer zum Gleichgewicht. Sie ist innerlich angespannt, da sie ihren blinden Fleck nicht erkennen kann, aber ihn deutlich spürt.

Hierbei ist wichtig zu unterscheiden, dass die FÜNF in ihrem Wesen nicht gierig ist, d. h., es geht ihr nicht darum, immer mehr von etwas anzuhäufen, immer mehr zu bekommen, sondern darum, nichts zu verlieren. Was sie hat, kann sie nur sehr schwer loslassen. Sie möchte ihre Errungenschaften beschützen und bei sich halten.

„Wenn sich jeder um sich kümmert, ist doch an jeden gedacht."

Unreife FÜNF: In ihrer niedrigen Energie ist die FÜNF von der Realität entkoppelt und isoliert sich immer mehr. Sie fürchtet sich vor Verletzungen. Ihre eigenen großen Ideen ängstigen sie zunehmend, und sie zweifelt immer mehr daran, ob sie es jemals schaffen kann. In diesem instabilen Gemütszustand neigt sie zu schizophrenen Zügen oder sucht im Extremfall eine Erlösung im Selbstmord.

«Normale» FÜNF: Dieser Typ macht Dinge erst einmal in seinem Kopf aus. Die FÜNF kann sich stundenlang theoretisch mit einem Thema beschäftigen, ohne überhaupt jemals ins Tun zu kommen. Wenn andere ihre Gedankengänge nicht nachvollziehen können, reagieren FÜNFer gern zynisch und von oben herab. Sie tendieren zu extremen Ansichten, die argumentativ untermauert werden.

Im Alltag besteht für die unreife und die «normale» FÜNF die Gefahr, sich in Ablenkungen zu verlieren. Dies kann z. B. die stundenlange Recherche zu bestimmten Themengebieten sein. So ist gerade das Internet Fluch und Segen zugleich für die FÜNF. Der unendliche Ozean an Informationen könnte sie den ganzen Tag vereinnahmen. Gleiches gilt für Ablenkungen wie (Online-)Spiele oder Gedankenspiele zu verschiedensten Szenarien. All diese Tätigkeiten macht die FÜNF mit sich allein aus. Die Herausforderung besteht darin, das Gleichgewicht zu finden zwischen «Ich lade meine Batterien auf» und «Ich habe komplett die Zeit vergessen».

„Wo große Summen bewegt werden, ist es ratsam, niemandem zu trauen."

Agatha Christie, Schriftstellerin

Reife FÜNF: Sie sind Experten in einem Gebiet, das sie besonders interessiert. Sie können groß denken und erkennen, was die Welt zusammenhält. Reife FÜNFer haben das Talent, komplett neue Dinge zu schaffen und Visionen in die Welt zu tragen. Sie nehmen sehr viel um sich herum wahr und können sich gleichzeitig sehr gut konzentrieren.

Die FÜNF ergreift häufig Berufe, die ihr eine gewisse Planbarkeit ermöglichen. Einen geregelten Arbeitstag, damit sie sich darauf einstellen kann, wie viel Energie sie jeweils benötigen wird. Ungeplante Besprechungen, wenn die FÜNF eigentlich schon auf dem Weg in den Feierabend ist, bringen sie emotional in große Bedrängnis. Gerade wenn es sich um unorganisierte Termine ohne genaue Agenda mit ewig langen Diskussionen handelt, bringt das die FÜNF an den Rand des Zusammenbruchs. Sie kann nur schwer verstehen, dass es andere Typen gibt, die beim Sprechen erst noch ihre Gedanken sortieren. Das ermüdet und frustriert eine FÜNF zutiefst.

Einkommen: die FÜNF im Berufsleben

FÜNFer arbeiten gern in Berufen, in denen sie intellektuell gefordert werden, z. B. in der Wissenschaft oder in der Technik. Sie sind oft gute Analytiker und dadurch hervorragende Problemlöser. Für komplexe Situationen entwickeln sie mit Vergnügen Checklisten und Handlungspläne. Bevorzugt arbeitet eine FÜNF allein und eigenständig. Sie kann ein geduldiger und verständnisvoller Lehrer oder Mentor für Menschen sein, die mehr wissen wollen. Neben der naturwissenschaftlichen Orientierung fühlt sich die FÜNF oft auch zu den Geisteswissenschaften hingezogen oder hat künstlerische Talente. Typische FÜNFer-Berufe sind daher (Natur-)Wissenschaftler in der Forschung und Entwicklung, Ingenieure, Programmierer oder Sachverständige. Da sie auch in Krisensituationen einen kühlen Kopf behält, ist sie zudem ein ausgezeichneter Feuerwehrmann, bei Spezialeinsatzkommandos anzutreffen oder als Arzt in der Notaufnahme.

Am liebsten arbeitet die FÜNF im Einzelbüro und möchte bei der Arbeit nicht gestört werden, weil sie in ihre ganz spezielle Gedankenwelt abtaucht. In Berufen, die viel Kommunikation erfordern oder die FÜNF in besonderem Maße exponieren, fühlt sie sich überfordert und ausgelaugt. Hat die FÜNF aus welchen Gründen auch immer einen solchen Beruf ergriffen, wird sie, sobald sie zu Hause ist, die totale Abschottung und Ruhe suchen, um ihre Batterien wieder aufzuladen. Ein geselliger Abend mit Freunden und Familie könnte ihr den Rest geben.

Auf der Einkommensseite ist eine FÜNF nicht auf Beförderungen erpicht. Für sie ist die empfundene Anerkennung viel größer, wenn der Vorgesetzte ihr immer größeren Freiraum zugesteht. Ein hoher Grad an Selbstbestimmung gibt der FÜNF zum einen die Bestätigung, dass sie ihre Sache gut macht, und zum anderen den Freiraum, sich die knappe Energie so einzuteilen, wie sie es benötigt. Die Befriedigung dieses Bedürfnisses könnte für eine FÜNF sogar ein Ansporn sein, selbst in der Hierarchie aufzusteigen, sofern dies nicht mit zu viel notwendiger Kommunikation einhergeht. Am liebsten ist es der FÜNF hierbei, wenn Sie nur eine kleine Führungsspanne hat. Idealerweise leitet sie ein Expertenteam oder nur wenige Führungskräfte, die wiederum die Mitarbeiter führen.

Die FÜNF sorgt dafür, dass sie ein ausreichendes Einkommen hat, mit dem sie sich gut aufgestellt fühlt. Da sie für sich nicht viel braucht, könnten dies sogar Lohnersatzleistungen sein, aber nur wenn die FÜNF darauf vertrauen kann, dass der Staat diese Zahlungen dauerhaft tätigt. Kommen ihr auch nur ansatzweise Zweifel, wird die FÜNF aktiv werden und sich Alternativen überlegen. In den meisten Fällen wird sich eine FÜNF sehr ungern in diese Art von Abhängigkeit begeben.

Konsumverhalten der FÜNF

Aus dem oben beschriebenen Mangelgefühl der FÜNF entsteht ein typisches Konsummuster. Die FÜNF vertraut sich selbst am meisten. Daher sorgt sie dafür, dass sie von den grundlegenden Sachen immer genug hat, um für ihr Befinden selbstständig und von anderen unabhängig sein zu können. Sollte die FÜNF auf einmal allein dastehen, wäre es für sie aus materieller Sicht kein Problem. Sie ist immer gewappnet, für sich selbst zu sorgen. Die FÜNF hat stets eine gefüllte Vorratskammer. Sie ist zu Beginn der Corona-Pandemie auch nicht so stark in Panik geraten wie andere, die auf einmal stapelweise Toilettenpapier gekauft hatten. Warum? Die FÜNF hatte ohnehin längst vorgesorgt.

Die FÜNF agiert und konsumiert aus einem Mangelgefühl heraus. Sie ist genügsam, tendiert aber auch dazu, das, was sie hat, zu horten. Das gibt ihr Sicherheit. Sie verschwendet nichts. Dinge, die sie nochmal gebrauchen kann, hebt sie auf. Man kann ja nie wissen. Dabei ist sie stolz auf ihre Genügsamkeit und darauf, wenn etwas von dem Angesammelten irgendwann einmal wirklich zum Einsatz kommt. Die Bescheidenheit ist mit der Angst verbunden, das zu verlieren, was sie hat, und dadurch von anderen abhängig zu werden.

Die FÜNF gibt ihr Geld im Wesentlichen für die Grundsicherung aus, d. h. für sicheren Wohnraum, einen Notgroschen, Vorräte, ausreichend Geld für den Alltag und ein bisschen für die Rente. Alles natürlich gut versichert.

Sie ist weniger anfällig für Statussymbole, extravagante Kleidung oder Partys. Die FÜNF sammelt hingegen gern Wissen. Alle Informationen in den Themen, die sie interessieren oder auch vor denen sie besondere Angst hat, werden gesammelt. Sie versucht, sich durch das Verstehen einen sicheren Raum zu bauen. Dafür ist die FÜNF auch bereit, Geld auszugeben.

Daneben steht der Ausgabenblock «Wissen». Hier kann es sich je nach Interessenlage um persönliche Weiterbildung handeln. FÜNFer sammeln gern Zertifikate und Abschlüsse, die sie als Experten in bestimmten Bereichen ausweisen. Und dies nicht, um anderen davon zu erzählen, sondern um für sich selbst das Gefühl zu haben: «Ich habe es verstanden.»

FÜNFer werden von anderen oft als Eigenbrötler wahrgenommen. Gerade emotional wirken sie oft distanziert. Dennoch nehmen sie gern an Veranstaltungen teil und gehen hier sehr stark in eine beobachtende Rolle. Im Gespräch mit anderen beantworten sie lebhaft Fragen, sind witzig und gesellig. Werden diese Fragen aber persönlich, versuchen sie, das Thema zu umschiffen und auf andere Inhalte zu lenken. Die FÜNF ist somit vor allem auch bei Messen und Infoveranstaltungen anzutreffen, wofür sie bereitwillig Tickets kauft.

„Ich kann ohne geistige Arbeit nicht leben. Wofür sollte man sonst leben?"

Sherlock Holmes, Romanfigur

Hat die FÜNF ein besonderes Themengebiet für sich erschlossen, wird sie versuchen, einen Expertenstatus zu erreichen. Sie wird Bücher kaufen, Veranstaltungen buchen, Weiterbildungspakete erwerben und sich am liebsten mit Gleichgesinnten verbinden. Sie beginnt, Informationen zu horten, und gibt dafür bereitwillig eine Menge Geld aus.

Die Gefahr hierbei besteht, dass es ins Extreme umschlägt. Ein exzessives Sammeln kann krankhafte Zügen annehmen und sich bis hin zu Messieverhalten entwickeln. Eine FÜNF braucht zwischendurch wieder neue Impulse, um solche selbstzerstörerischen Entwicklungen zu unterbinden.

Von allen Typen macht die FÜNF am wenigsten Spontankäufe. Sie kann sich am ehesten von ihren Gefühlen distanzieren. Sie nimmt ihre eigenen Bedürfnisse zwar wahr, aber hat über die Jahre eine Selbstdisziplin entwickelt, diese zu unterdrücken. FÜNFer findet man auch gern mit einer Einkaufsliste, die sie akribisch abarbeiten. Sie kann ohne mit der Wimper zu zucken an besonderen Angeboten vorbeigehen.

Bis auf ihre besonderen Interessengebiete kann die FÜNF ihre Ausgaben in anderen Bereichen sehr stark zurückfahren. Insbesondere da es sie nicht zu sozialen Aktivitäten hinzieht, verzichtet sie freiwillig auf Vereinsmitgliedschaften, Fitnessstudios, Restaurantbesuche, Konzerte und Ähnliches.

Im Gegensatz zu den vorher behandelten Typen ZWEI, DREI und VIER lehnt die FÜNF es ab, Schulden zu machen. Sich in diese Art von Abhängigkeit zu begeben, bereitet ihr geradezu körperliche Schmerzen. Für eine Immobilie, die einen entsprechenden Gegenwert besitzt, würde sie sich vielleicht überwinden. Ihr käme aber nie von allein in den Sinn, irgendwelche Konsumgüter zu finanzieren oder von geliehenem Geld in den Urlaub zu fahren. Wenn sie das Geld nicht hat, spart sie so lange, bis sie es sich leisten kann.

Investitionsverhalten der FÜNF

Die FÜNF vertraut sich selbst am meisten. Das heißt, ihre eigene Bewertung, ihr eigenes Urteil über eine Sache sind ihr zunächst am wichtigsten. Sie sammelt gern alle für sie notwendigen Informationen zusammen, zieht sich dann für die Analyse zurück und kommt erst dann wieder hervor, wenn sie mit ihrer Bewertung fertig ist.

Eine halbgare Entscheidung oder aus dem Bauch heraus, ist nichts für die FÜNF. Sie muss sich gut informiert fühlen, um auf einer soliden Grundlage entscheiden zu können.

Eine FÜNF neigt eher nicht dazu, absichtlich viel Geld, Wohlstand oder finanzielle Freiheit als eines ihrer Lebensziele zu definieren. Andererseits wird sie von einem permanenten Mangelbewusstsein begleitet. Das ständige Gefühl, mit etwas überfordert werden zu können oder nicht genug Kraft zu haben, schwingt immer mit.

„Abgesehen von seiner Kaufkraft ist Geld völlig nutzlos, soweit es mich betrifft."

Alfred Hitchcock, Schriftsteller

Im Grunde kann man die FÜNF als Minimalistin beschreiben. Sie kommt mit wenig aus und sagt von sich, dass sie auch nur wenig benötigt. Die Gefahr liegt darin, dass viel Geld auch bedeutet, viel Energie in den Erhalt und die Mehrung stecken zu müssen. Ebenso besteht das Risiko, es wieder zu verlieren. Ein Satz aus meiner Familie lautet beispielsweise: «Wenn man wenig hat, braucht man sich auch keine Sorgen um Diebe und Einbrecher zu machen.» Also im Grunde ein selbst auferlegter Minimalismus um sich zu schützen.

Es gibt auch sehr reiche FÜNFer, die aufgrund ihres hohen Intellekts besondere Dinge erfunden oder geleistet haben, wie Mark Zuckerberg, Bill Gates oder Kurt Cobain. Die meisten reichen FÜNFer gönnen sich selbst nichts oder lediglich sehr wenig. So trägt Mark Zuckerberg meist dieselbe Art T-Shirt, die er sich einfach zigmal kauft. Effizient und günstig.

Investitionsprodukte der FÜNF liegen größtenteils im sicheren Anlagebereich. Spekulationen werden – wenn überhaupt – nur gelegentlich mal ausprobiert. Typischerweise legt die FÜNF ihr Geld in Sparverträgen, Versicherungen, Immobilien (in der Regel in die eigene Immobilie), Bundesanleihen und Edelmetallen an.

Sie würde kein Geld in Aktien, Optionspapiere, Kryptowährungen oder andere spekulativere Finanzinstrumente investieren, das sie für die Zukunft verplant hat. Ist Geld übrig, geht sie auch in diese Anlageklassen. Wenn dieses Geld dann weg ist, ist es halt weg, aber die Sicherheit der FÜNF wäre dadurch nicht bedroht.

Wohlstandsstrategien der FÜNF
Sind Sie eine FÜNF? Dann lade ich Sie ein, Ihrer persönlichen Wohlstandsstrategie auf die Spur zu kommen. Als FÜNF sind Sie der Masse intellektuell wahrscheinlich immer einen oder mehrere Schritte voraus. Wenn Sie für sich erfahren möchten, wie sich Fülle anfühlt und das Gefühl von Urvertrauen und Sicherheit erleben wollen, lege ich Ihnen den folgenden Zehn-Punkte-Plan in den Kopf (ans Herz würde für Sie wahrscheinlich nicht viel bedeuten). Entdecken Sie Finanzen als ein spannendes Themengebiet, in dem es viel zu lernen gibt. Um in die Umsetzung zu kommen, suchen Sie sich am besten eine ACHT, die Sie dabei unterstützen kann. Sie werden sehen, wie viel mehr Sie dabei aus dem Gelernten für sich ziehen können.

1. Überprüfen Sie Ihre Einnahmenseite: Wie viele Einkommensquellen haben Sie? Welche Talente haben Sie, mit denen Sic zusätzliche Einkommensquellen erschließen könnten?
2. Verdienen Sie, was Sie verdienen? Wann wurden Sie das letzte Mal befördert?
3. Kommen Sie Ihrem Mangelgefühl auf die Spur: Was steckt dahinter?
4. Üben Sie sich darin, mehr von sich preiszugeben. Sie werden sehen, Sie erhalten viel mehr von anderen zurück.
5. Richten Sie sich ein Spaßkonto ein. Zahlen Sie regelmäßig darauf ein und gönnen Sie sich hin und wieder etwas.
6. Verbinden Sie Ihren Kopf mit Ihrem Körper. Lernen Sie sich als Ganzes wahrzunehmen.
7. Überprüfen Sie Ihre Vorräte: Was brauchen Sie wirklich? Wo haben Sie vielleicht übertrieben?
8. Verschenken Sie zehn Dinge(, die nicht kaputt sind).
9. Rufen Sie jeden Monat vier Personen aus Ihrem Bekanntenkreis an und sprechen Sie mindestens zehn Minuten mit ihnen. Geben Sie etwas von sich preis.
10. Laden Sie Ihren Partner oder einen Freund zum Essen ein. Einfach so.

11.

Der Wohlstand der **SECHS**

Das Leben der SECHS dreht sich im Wesentlichen um Angst, und dies in zwei Ausprägungen: Die phobische SECHS versucht die Angst zu vermeiden und jeglicher Gefahr aus dem Weg zu gehen, wohingegen die kontraphobische SECHS das Mantra hat: «Der Weg führt durch die Angst». Sie stellt sich permanent ihren Ängsten und unternimmt zum Teil sehr gefährliche Dinge. Von außen betrachtet sagen andere über sie, dass sie sehr mutig ist. Dabei ist die SECHS in beiden Fällen ängstlich. Nur die Bewältigungsstrategie ist eine andere. Kennt die kontraphobische SECHS ihren inneren Antreiber nicht, wird sie sich selbst eher als ACHT einstufen. An der SECHS wird die Idee des Enneagramms besonders deutlich: Es geht nicht darum, **wie** wir uns verhalten, sondern immer darum, **warum** wir etwas tun.

„Das Schlimmste ist die Angst vor der Angst."

Nena, Sängerin

Schauen wir uns den Enneagrammtyp SECHS noch einmal genauer an, insbesondere den Umgang mit der Angst und das daraus resultierende Sicherheitsbedürfnis. Für alle drei Energielevel gilt: Die SECHS sucht Sicherheit in einer Gruppe und schließt sich gern einem starken Anführer an. Dies ist eine ambivalente Beziehung, da die SECHS auf der einen Seite den Schutz des Anführers und der Gruppe genießt, auf der anderen Seite aber der Skeptiker in ihr stets erwartet, dass der Anführer seine Macht missbraucht. Die SECHS sieht sich als Realist, wird von anderen aber als Pessimist wahrgenommen. Für die SECHS ist das Glas immer halb leer und sie erwartet das nächste Unglück.

Unreife SECHS: Sie hat Angst, dass andere hinter ihr her sind. Sie fühlt sich ohne Schutz und daher anderen hilflos ausgeliefert.

Umso stärker sucht sie einen starken Anführer, dem sie sich anschließen kann. In ihr schwelt der Gedanke «alle sind gegen mich», was durch ihr Verhalten zu einer selbst erfüllenden Prophezeiung wird. Kommt es so weit, fühlt sich die SECHS wieder einmal in ihrer Annahme bestätigt. Sie hatte ohnehin erwartet, dass bald etwas Schlimmes passiert («Ich habe es ja gleich gewusst.»). Wird die Angst, herumgestoßen zu werden, unkontrollierbar, neigt die SECHS zu Hysterie, Paranoia, Alkohol- und Drogenmissbrauch bis hin zum Suizid.

„Ja, aber ..."

«Normale» SECHS: In dieser Ausprägung bringt sich die SECHS besonders in Themen ein, die sich mit Sicherheit und Stabilität beschäftigen. Sie ist anderen gegenüber, die Anforderungen an sie stellen, sehr verhalten. Unliebsame Aufgaben sitzt sie aus. Sie reagiert oft sarkastisch und begibt sich gern in die Opferrolle. Es fällt ihr schwer, ihren eigenen Anteil an Situationen zu erkennen, zu übermächtig erscheint alles um sie herum. Sie fühlt sich als klitzekleines Staubkorn in einem riesigen Universum: «Was kann ich schon bewegen?» Daher engagiert sie sich stark in Vereinen, Gruppen, in der Regierung, Familie und anderen Organisationen. Ihre Devise lautet: «Gemeinsam sind wir stark.» Um ihr Sicherheitsbedürfnis zu befriedigen, möchte sie sich einer starken Gruppe zugehörig fühlen. Durch ihre erhöhte Skepsis, das typische «ja, aber ...» versucht sie, das drohende Unheil möglichst früh zu erkennen und andere auf die mögliche Gefahr für die Gruppe hinzuweisen.

Reife SECHS: Sie traut sich selbst und anderen. Sie ist unabhängig und gleichzeitig wertvolles Mitglied der Gesellschaft. Sie arbeitet hart dafür, Stabilität und Sicherheit für sich und andere zu kreieren und motiviert ihre Mitmenschen zur Kooperation.

Sie ist loyal und stellt sich solidarisch neben die Mitglieder der Gruppe. Anmerkung: Eine ACHT würde sich schützend vor die Gruppe stellen, die SECHS stellt sich innerhalb der Gruppe loyal an die Seite der Mitglieder.

Auf ihre Finanzen bezogen bleibt die SECHS hinter ihren Möglichkeiten zurück. Die phobische SECHS ist wie gelähmt und sucht bei allem die hundertprozentige Sicherheit, wohingegen die kontraphobische SECHS scheinbar willkürlich ihr Geld investiert und sich bei schlechtem Ausgang selbst geißelt («Hab ich mir doch gleich gedacht, dass es nicht klappt.»).

Einkommen: die SECHS im Berufsleben

Im Beruf agiert die SECHS eher vorsichtig. Sie ist darum bemüht, ihre Aufgaben im Überblick zu behalten, und sorgt sich darum, dass ihr zu viel aufgehalst werden könnte. Sie stellt viele Fragen und äußert ihre Zweifel. Sie sieht mögliche Probleme und spricht sie offen an. Dadurch ist sie ein guter Ratgeber, der vor allzu überstürzten oder zu risikoreichen Handlungen warnt. SECHSer trifft man im Business-Umfeld, in der Gesundheits- und Ernährungsbranche oder auch im Rechtswesen. Die SECHS ist eine erfolgreiche Krisenmanagerin, die den Plan B bereits vorbereitet hat.

Sie kann nur schwer vertrauen und trifft im schlimmsten Fall gar keine Entscheidungen mehr. Ist die SECHS in ihrer Energie, kann sie hervorragend Probleme lösen. Schließlich hat sie sich am längsten aus dem ganzen Team damit beschäftigt. Andere Typen werden von dem Problem überrascht, während die SECHS souverän agiert.

Konsumverhalten der SECHS

Sicherheit ist eines der Hauptkriterien, die für die SECHS erfüllt sein müssen, damit sie sich zu einem Kauf durchringt.

Sie schaut sich vor der Entscheidung gern Warentests und Berichte an. Je größer die Ausgabe, umso mehr Informationen braucht sie. Ihren eigenen Gefühlen traut sie hierbei nicht über den Weg. Die Angst wird so groß, dass sie die Verantwortung gedanklich lieber an andere überträgt. Wenn viele Personen ein Produkt gut finden, ist die Wahrscheinlichkeit groß, dass es für die SECHS kein Reinfall wird. Bei Produkten des täglichen Bedarfs wechselt sie ungern die Marken, um keine bösen Überraschungen zu erleben. Hugh Laurie, Schauspieler («Dr. House»), beschrieb in seiner sehr eigenen Art die Ansicht einer SECHS: «Gesichtscreme, Nasencreme, Handcreme. Ich frage mich für einen Moment, wie schlimm es wohl wäre, wenn man betrunken nach Hause kommt und sich aus Versehen Gesichtscreme auf die Hände schmiert?»

„Vorsicht ist besser als Nachsicht."

Produkte, die besondere Sicherheit versprechen, werden gern von einer SECHS gekauft. Typischerweise zählen hier Versicherungen dazu. Es ist gut möglich, dass eine SECHS eher überversichert ist – man kann ja nie wissen. Sie fühlt sich gut, wenn sie für alle Eventualitäten vorgesorgt hat. Von für sie wichtigen Artikeln hat die SECHS gern ein Ersatzexemplar oder gleich einen großen Vorrat. Auch Gesundheitsüberwachungssysteme wie Pulsmesser oder eine Smart Watch sind für SECHSer attraktiv. Die Anzeige wird ständig beobachtet, damit sie auf den drohenden Herzinfarkt mental vorbereitet ist.

In Krisensituationen wie dem Lockdown in der Corona-Pandemie tendiert die SECHS zu Hamsterkäufen. Sie muss sicher sein, für sich und die Familie gut vorgesorgt zu haben. Was die FÜNF im Kleinen an Vorräten angelegt hat, hat die SECHS perfektioniert, katalogisiert und genau im Auge. Sie weiß: Wenn tausende Meilen entfernt eine Fliege mit den Flügeln schlägt, kann hier ein Orkan entstehen. Sie ist auf jede Gefahrensituation vorbereitet.

„Alle Diktaturen nähren sich von der Angst der Untertanen."

Richard v. Weizsäcker, ehem. Bundespräsident

Sie reagiert sehr skeptisch in Situationen der Unsicherheit und fühlt sich von anderen geradezu verfolgt. Sie behält die Nachrichten stets im Blick und fragt sich, inwieweit sie von drohenden Gefahren betroffen sein könnte? Gerade zu Beginn der Finanz- und der Corona-Krise, als die Informationen noch sehr dürftig und mit großer Unsicherheit besetzt waren, fühlte sich eine SECHS sehr verloren und allein gelassen. Wenn der «Anführer», sprich die Autoritäten in der Politik, Wirtschaft oder in anderen Bereichen nicht mehr das Vertrauen einer SECHS genießen, neigt sie zur Rebellion, ja sogar Aggression.

Um sich auch hierbei einen sicheren Raum aufzubauen, wird die SECHS den Kontakt zu einer Gruppe suchen. Die SECHS ist ein typischer «Vereinsmeier», ein wertvolles Mitglied, das sich mit viel Energie dafür einsetzt, dass die Gruppe klare Regeln und Strukturen bekommt und einhält. Die SECHS ist bereit, für ihre Mitgliedschaften in verschiedenen Vereinen Geld zu bezahlen, und setzt sich dafür ein, Sponsoren oder Förderer für die Vereinsarbeit zu gewinnen. Um eine Gruppe am Leben zu halten, gibt sie alles, was sie hat («Einer muss es ja schließlich tun – für die Gemeinschaft.»).

Wird die SECHS von ihren inneren Ängsten übermannt, neigt sie dazu, sich zerstörerischen Gruppen wie beispielsweise religiösen Sekten oder fanatischen Anhängern jedweder Richtung anzuschließen. Dies kann bis zur völligen Selbstaufgabe und der Überschreibung ihres ganzen Vermögens führen. Sie kann vollkommen in der Gruppe aufgehen und aus ihrem Pflichtbewusstsein heraus alles dafür tun, dass die Gemeinschaft, die für sie zu einer Art Familie wird, weiter besteht.

Darüber hinaus tendiert sie dazu, sich in Alkohol oder andere Drogen zu flüchten. Durch ihr vergleichsweise niedriges Selbstwertgefühl achtet sie nicht auf die Signale des Körpers, was tendenziell zu einem übermäßigen Konsum von Essen führt. Sport bewertet die SECHS äußerst kritisch – getreu dem Motto «Sport ist Mord». Sie sieht sofort, welches Verletzungsrisiko mit einzelnen Sportarten einhergeht und findet dadurch für sich eine Rechtfertigung, erst gar nicht damit anzufangen. Das hindert sie natürlich nicht daran, beim Zuschauen den Spielern die besten Tipps zu geben.

Investitionsverhalten der SECHS

Laut vielen Enneagrammforschern wird der Anteil von Typ SECHS an der Weltbevölkerung auf rund die Hälfte geschätzt. Auf der einen Seite beruhigend, denn die SECHS hält Gemeinschaften zusammen, ist loyal und bereit, sich für andere einzusetzen, ohne sich selbst besserstellen zu wollen. Die Gemeinschaft ist ihr ein hohes Gut. Auf der anderen Seite ist es beunruhigend, da es auch bedeutet, dass die Hälfte der Bevölkerung Pessimisten oder Skeptiker sind, die sich in ihren Entscheidungen im Wesentlichen von der Angst leiten lassen.

Die SECHS traut ihren Gefühlen nicht über den Weg und wird von ihrer Angst dominiert. In der Geldanlage nutzt sie konservative Produkte. Typischerweise investiert die SECHS in ihr laufendes

Konto, ihr Sparbuch, in Bundespapiere oder Rentenanleihen. Durch die Finanzkrise ab dem Jahr 2007 deutlich verunsichert, fühlt sich die SECHS in ihrer Sorge bestärkt. Viele SECHSer haben in dem Zuge ihr ganzes Geld von den Banken abgehoben und bewahren es bei sich zu Hause auf. Ein bekanntes Zitat von Woody Allen, Filmemacher und Typ SECHS: «Ein Börsenmakler ist jemand, der das Geld anderer Personen investiert, bis nichts mehr da ist.»

Wenn wir an das magische Finanz-Dreieck bestehend aus Sicherheit, Liquidität und Rendite denken, wird sich die SECHS an den Achsen «Sicherheit» und «Liquidität» bewegen. Renditegesichtspunkte sind für eine SECHS nicht maßgebend. Sie möchte in erster Linie das Geld halten, das sie hat, und im Notfall darüber verfügen können. Alle Anlagestrategien gehen in die konservative Richtung, was es einer SECHS schwer macht, Vermögen aufzubauen. Gerade in Zeiten niedriger Zinsen verliert die SECHS netto mehr Geld, als sie durch ihre Anlage hinzubekommt. Oft sind SECHSer enttäuscht, wenn sie nach jahrzehntelanger Arbeit in der Rente fast in Armut leben, obwohl sie sich nie groß was gegönnt haben. In der Literatur wird für die SECHS oft exemplarisch Deutschland herangezogen. Ich denke, so wie wir Deutschland in der Finanz- und in der Corona-Krise erlebt haben, finden wir hier in der Gesellschaft viele Angstmotive, die typisch für die SECHS sind.

„Geld macht dein Leben leichter. Wenn du Glück hast und Geld hast, dann hast du Glück."

Robert de Niro, Schauspieler

Der Wunsch nach Sicherheit und Stabilität ist sehr ausgeprägt, sodass die SECHS an allem und jedem zweifelt. Sie mag

Ehrlichkeit und Authentizität und braucht das Gefühl, mit ihren Zweifeln nicht allein dazustehen. Ihr fällt es sehr schwer, sich zu entscheiden. Prokrastination, also das Hinauszögern und Aufschieben, ist eine Ausweichstrategie der SECHS. Sie kann zu einer Entscheidung bewegt werden, wenn sie das Gefühl von Vertrauen erlebt. Die SECHS möchte mit ihren Sorgen und Ängsten verstanden und an die Hand genommen werden.

Finanziell vergleichsweise größere Investitionen wie ein Hauskauf schrecken eine SECHS ab. Da sie ja nie weiß, was die Zukunft noch bringt, erscheint ihr eine solche Entscheidung als viel zu riskant. SECHSer sind tendenziell eher Mieter als Eigentümer von Immobilien. Am ehesten würde sie eine selbst genutzte Immobilie erwerben, um sich für die Zukunft abzusichern. Diese Entscheidung wird reiflich durchdacht, und wo irgend möglich werden Kreditausfallversicherungen, Berufsunfähigkeitsversicherungen u. Ä. abgeschlossen, um die Investition nicht zu gefährden.

Grundsätzlich fällt es der SECHS schwer, Entscheidungen zu treffen. Immer wieder laufen in ihrem Kopf Was-wäre-wenn-Szenarien ab. Selbst wenn sie sich an einem Tag für eine Investition entschieden hat, kann es sein, dass sie am nächsten Morgen aufwacht, zum Telefon greift und alles wieder storniert. Manchmal hat die SECHS Angst vor ihrer eigenen Courage und sabotiert ihren Wohlstand damit immer mehr.

„Vorsicht ist mein zweiter Vorname."

Die SECHS kann mit ihrer Angst nur schwer umgehen, da sie davon überzeugt ist, dass Mut das Heilmittel gegen die Angst ist.

Sie fühlt sich aber nie mutig und bleibt daher in ihrer Angst gefangen. Was, wenn die Investitionsentscheidung falsch war und nichts übrig bleibt? Die EINS handelt nicht, weil sie befürchtet, etwas falsch oder es nicht perfekt zu machen, die SECHS hingegen handelt nicht, aus Angst, es könnte etwas Schlimmes passieren.

Was die SECHS aber anstelle von Mut braucht, ist Vertrauen. Ein Vertrauen, dass das Leben auch Gutes für sie bereithält. Dass die Immobilienpreise nicht ins Bodenlose fallen oder dass der Mieter, der einzieht, nicht unbedingt ein Messie sein muss, dass nicht gleich der nächste Black Friday an der Börse zu erwarten ist, dass eine Enteignung durch den Staat nicht unmittelbar bevorsteht und, und, und. Natürlich kann niemand in die Zukunft schauen und garantieren, dass all das tatsächlich nicht passiert. Doch mit etwas Vertrauen kann die SECHS lernen, in ihren Entscheidungen zu wachsen und finanziell unabhängiger zu werden.

Kommen SECHSer zu viel Geld, fällt es ihnen schwer, es sinnvoll zu investieren. Mike Tyson ist eine kontraphobische SECHS und einer der erfolgreichsten Boxer aller Zeiten. Typisch für kontraphobische SECHSer geht er gern in Auseinandersetzungen und betreibt eine vergleichsweise gefährliche Sportart. Seit 1985 konnte er durch seinen Sport ein Vermögen von über 300 Millionen Dollar anhäufen. Durch den Kauf von hauseigenen Tigern, luxuriösen Badewannen und anderen exklusiven Objekten verkonsumierte er jedoch 500 Millionen Dollar und war im Jahr 2003 insolvent. Bis heute zahlt er seine Schulden ab.

Wohlstandsstrategien der SECHS

Haben Sie sich im Typ SECHS erkannt? Die Wahrscheinlichkeit ist grundsätzlich erst einmal ziemlich hoch, dass Sie diesem Typen angehören. Sie sind damit in guter Gesellschaft. Wenn

Sie darüber nachdenken, was genau Ihre persönlichen Erfolgs- oder Wohlstandsverhinderer sind, werden Sie verstehen, warum so wenige Menschen auf der Welt es schaffen, vermögend zu werden. Ihre Wohlstandsverhinderer oder ähnliche teilen sie mit der Hälfte der Weltbevölkerung. Das können Sie jetzt als Entschuldigung dafür nehmen, warum es bisher vielleicht noch nicht so geklappt hat. Ich empfehle Ihnen, dies als Erklärung zu sehen und gleichzeitig als Anleitung, wie Sie es schaffen können, sich aus der Masse freizuschwimmen. Suchen Sie Kontakt zu einer reifen NEUN: Sie kann Ihnen zeigen, wie Sie Frieden mit sich selbst schließen und unbeschwerter auf das Leben blicken können.

1. Beginnen Sie ein Erfolgsjournal und schreiben Sie jeden Abend fünf Dinge auf, die gut gelaufen sind.
2. Tauschen Sie dreißig Minuten Fernsehen gegen dreißig Minuten Lesen am Tag.
3. Wenn Sie morgens in den Spiegel schauen, sagen Sie: «Heute wird ein guter Tag.»
4. Trauen Sie sich bei Ihren Finanzen mehr zu. Hundertprozentige Sicherheit gibt es nicht, und das ist völlig in Ordnung.
5. Lernen Sie Ihre Angst besser kennen und Atemtechniken, die Sie in bedrohlichen Situationen beruhigen können.
6. Sprechen Sie über Ihre Ängste. Dadurch werden sie kleiner.
7. Lernen Sie, Kontrolle abzugeben. Fangen Sie im Kleinen an.
8. Machen Sie neue Bekanntschaften. Suchen Sie sich in Ihrem Umfeld ein Vorbild für finanzielle Themen und bauen Sie eine Beziehung zu dieser Person auf.
9. Folgen Sie nicht der Masse aus der Angst heraus, anders zu sein.
10. Schauen Sie nur noch halb so oft am Tag nach den Nachrichten.

12.
Der Wohlstand der **SIEBEN**

Beim Enneagrammtyp SIEBEN sehe ich eine liebe Coaching-Kollegin vor mir: ständig ein Lächeln auf den Lippen, ein echter Sonnenschein. Ihre tiefste Überzeugung: «Alles geschieht für dich.» Egal, was das Leben bietet, sie sieht immer das Gute darin, die Chancen und Möglichkeiten. Das Negative wird einfach ausgeblendet – es lohnt sich nicht, sich damit auseinanderzusetzen. SIEBENer sind für Gemeinschaften sehr bereichernd, da sie nicht ins Lamentieren verfallen, sondern eine positive Ausstrahlung verbreiten. Auch wenn die Lage hoffnungslos erscheint, die SIEBEN findet immer ein Licht – und wenn sie es aus sich heraus strahlen lässt.

„Vorfreude ist die schönste Freude."

Die SIEBEN ist sehr zugänglich für alles, was Leichtigkeit, Freude und Spaß verspricht. Schauen wir uns die SIEBEN in ihren Energieleveln genauer an.

Unreife SIEBEN: Sie findet einfach kein Ende. «Einer geht noch» ist die Devise, und diese SIEBEN muss immer noch einen draufsetzen. Sie surft geradezu auf den Gefühlen anderer, unfähig, ihre eigenen Ängste wahrzunehmen. Sie schwankt zwischen himmelhoch jauchzend und zu Tode betrübt. Im Extremfall leidet sie unter einer bipolaren Störung. Ist ihre eigene Energie erschöpft, gibt sie sich selbst und ihren Lebenssinn auf. Sie verzweifelt und kann Depressionen entwickeln. Schafft sie es nicht, aus dieser negativen Spirale herauszukommen, kann die unreife SIEBEN ihren letzten Ausweg im Selbstmord sehen.

«Normale» SIEBEN: Sie ist in ihrem Inneren rastlos. Es gibt immer noch so viel mehr zu entdecken. Sie hat die Verbindung zu dem, was sie wirklich braucht, verloren und wird eher davon angetrieben, was zur Verfügung steht. Langeweile will sie auf jeden Fall vermeiden. Sie ist allem Neuen, Aufregenden gegenüber sehr aufgeschlossen.

Reife SIEBEN: Sie ist dankbar für all das, was sie hat und bereits erlebt hat. Sie erfährt die spirituelle Wahrheit und grenzenlose Freude, die das Leben bringt. Sie ist der von allen am stärksten extrovertierte Typ, der in vielen verschiedenen Themengebieten erfolgreich ist. Typischerweise interessiert sich diese SIEBEN für sehr viele unterschiedliche Bereiche.

Die SIEBEN hat sowohl auf der Einnahmen- als auch auf der Ausgabenseite ihre besonderen Herausforderungen. Die Einnahmen sehen in der Regel gar nicht so schlecht aus, da es die SIEBEN durchaus versteht, ihre Besonderheiten gut zu vermarkten. Selbst wenn der SIEBEN eine Einkommensquelle wegbricht, wird sie kreativ und denkt sich neue Möglichkeiten zum Geldverdienen aus. Das bedeutet nicht, dass die SIEBEN einen einfachen Zugang zu Wohlstand hat, denn meist ist ihr Ziel eher kurzfristiger Natur und vom Erleben im Moment geprägt. Sie sorgt dafür, dass ihr ausreichend Mittel zur Verfügung stehen. Dies kann dazu führen, dass die SIEBEN nicht lange in einem Beschäftigungsverhältnis verweilt, sondern sich schnell wieder nach etwas anderem umschaut.

Bezogen auf ihre finanzielle Ausstattung hat der Typ SIEBEN große Herausforderungen auf der Ausgabenseite. Der vergleichsweise unstete Lebenswandel und die Suche nach dem nächsten Kick erfordern einen gewissen finanziellen Einsatz. Tatsächlich möchte sich die SIEBEN aber möglichst wenig mit Geld und Finanzen auseinandersetzen.

„Ich habe meine Gedanken am liebsten so weit wie möglich weg von Geld und materiellen Aspekten meiner Arbeit."

Miley Cyrus, Sängerin

Einkommen: die SIEBEN im Berufsleben
In Berufsbeziehungen liebt die SIEBEN Freiheit und Unabhängigkeit. Sie übernimmt nicht gern Verantwortung und geht daher nur in Führungsrollen, wenn sie nicht zu viele wichtige Entscheidungen treffen muss. Sie arbeitet gern kreativ und kann auch in einem lauten und lebhaften Umfeld gut zurechtkommen. Sie ist in der Regel ein Multitasking-Talent. Die SIEBEN hat ein hohes Arbeitstempo und ist ein Teamplayer. Mit ihrem Optimismus versprüht sie bei ihren Kollegen stets gute Laune. Berufe, in denen sich SIEBENer wohlfühlen, sind beispielsweise in der Fotografie oder in anderen Kunstformen, in der Innenarchitektur, dem Tourismus, der Gastronomie oder auch im Bereich Marketing und Medien zu finden. Die SIEBEN ist eine Spezialistin für kreative Problemlösungen. Daher nimmt sie oft die Rolle eines Ratgebers oder Troubleshooters in Unternehmen ein. Wenn sie es schafft, ihre Stärken zu fokussieren, entwickelt sie einen starken Unternehmergeist, mit dem die SIEBEN häufig sehr erfolgreich sein kann. Sie tanzt gern auf mehreren Hochzeiten gleichzeitig. Daher ist es bei einer SIEBEN nicht unüblich, dass sie mehrere Berufe ausübt – nacheinander oder auch gleichzeitig.

Konsumverhalten der SIEBEN

Die SIEBEN ist der Enneagrammtyp, der am ehesten anfällig ist für Süchte jedweder Art. Stimulierende Mittel auf der einen Seite wie immenser Kaffeekonsum, Kokain, Amphetamine und Ecstasy oder beruhigende Mittel wie narkotisierende Medikamente und Alkohol auf der anderen Seite setzt die SIEBEN zur Manipulation ihrer Gefühle ein. Darüber hinaus neigt die SIEBEN zu Schönheitsoperationen und der Einnahme von Schmerzmitteln. Für die Finanzierung dieser Hilfsmittel ist die SIEBEN bereit, all ihr Geld auszugeben. «Geld kann Menschen zerstören», so Goldie Hawn, eine bekannte US-Schauspielerin und Enneagrammtyp SIEBEN. Bekanntermaßen ist ihr Leben stark von Suchtthemen bestimmt, und sie sieht von Geld die Gefahr ausgehen, dass es diese Süchte unterstützt.

„Ich liebe es, mein Geld auszugeben."

Elton John, Sänger

Onkel Carlo, eine SIEBEN, ist wie der bunte Hund in unserer Familie. Er legt keinerlei Disziplin an den Tag und lebt völlig ohne Plan. Manchmal wissen wir gar nicht, wo er sich gerade aufhält. Seinen Berufsabschluss hat er nicht beendet. Er hat Versicherungen verkauft, dann Wohnungen auf Gran Canaria. Er hat schon als Verkäufer in einem Stadion gearbeitet, dann hier und da als Handwerker seine Dienste angeboten und in Kolumbien Sauerkraut für die deutschen Touristen gekocht. Trotz seines Engagements und der vielfältigen Einsatzmöglichkeiten hat er so gut wie kein Geld. Bei einer möglichen Erbschaft hat er einfach nicht auf die Aufforderungen des Gerichts reagiert, weil er keine Lust hatte, sich damit auseinanderzusetzen, und es ihm einfach nicht wichtig war, ob er daraus Geld erhält oder nicht. Er kommt schon irgendwie durch. Eigentlich würde man denken, dass er zufrieden sein müsste. Doch es gibt diese Momente, in denen er zum Beispiel seiner Tochter eine Kreditkarte geschenkt hat mit den Worten: «Darüber kannst du immer verfügen.» Das Ende vom Lied war, dass auf dem hinterlegten Konto nie Geld war. Die gute Absicht war da, aber er hat es nicht geschafft, es richtig umzusetzen. Es stellte sich wieder diese Wehmut ein, dass dieses Geschenk doch irgendwie außerhalb seiner Möglichkeiten lag. Zu viel Unvorhergesehenes wurde auf einmal ganz interessant.

„Geld hat noch nie jemanden glücklich gemacht."

Benjamin Franklin, Gründervater der USA

Da die SIEBEN stets das Gefühl hat, gute Gelegenheiten und damit gleichbedeutend das Leben zu verpassen, ist sie für Werbung besonders empfänglich. Slogans wie: «Nur noch heute …», «Greifen Sie jetzt zu …», «Limitiertes Angebot …» u. Ä. lösen in der SIEBEN unwillkürlich das Gefühl aus, jetzt handeln zu müssen. Diese Chance könnte vorbeiziehen und nie mehr wiederkommen. Hierdurch kann es vorkommen, dass die SIEBEN Dinge erwirbt, die sie eigentlich nicht braucht.

Der größte Antrieb der SIEBEN besteht darin, ihre Wünsche und Bedürfnisse erfüllt zu bekommen. Je unreifer die SIEBEN, umso mehr ist sie darauf angewiesen, sich ständig abzulenken und Dinge zu konsumieren. Die SIEBEN ist ein Genießer, der einen üppigen Lebensstil bevorzugt. Sie ist praktisch veranlagt, aber auch sehr materialistisch. Es geht ihr dabei vorrangig um die Sicherung ihrer Grundbedürfnisse. SIEBENer wohnen schön und verbringen gern Zeit zu Hause. Sie bevorzugen hübsche Dinge. So werden Sie im Haus einer SIEBEN stets passende Deko finden, die sehr geschmackvoll zur Schau gestellt wird. Die

SIEBEN erfreut sich an einem üppigen Strauß frischer Blumen oder einem schönen neuen Teppich.

Neben allem, was schön ist, hat die SIEBEN einen Hang zu medialer Unterhaltung. Sie gibt bereitwillig Geld für alle möglichen elektronischen Geräte wie Fernseher, Spielekonsolen, Kameras, Drohnen, Smartphones etc. aus. Die gesamte Unterhaltungsindustrie wird von den Bedürfnissen der SIEBEN signifikant unterstützt.

Die SIEBEN möchte das, was ihr das Leben anbietet, auch auskosten. Daher bucht sie gern Urlaube, Erlebnistouren, geht oft in Restaurants oder ins Kino. Um nichts zu verpassen, schaut sie aktiv, welche Partys, Festivals oder Konzerte sie besuchen kann. Sie stürzt sich sehr akribisch in die Planung all ihrer Aktivitäten. Die unreife SIEBEN kann hier schon Züge einer Vergnügungssucht entwickeln, was im späteren Verlauf nicht selten zu erheblichen finanziellen Problemen führt.

Versiegt die Geldquelle der SIEBEN aus irgendeinem Grund, kann sie sehr wehleidig werden. Ohnehin schon war das Gras auf der anderen Seite immer grüner als bei ihr selbst. Und nun wird der SIEBEN immer deutlicher das scheinbar Mangelhafte im Hier und Jetzt vor Augen geführt, und sie träumt wehmütig von all den einzigartigen Dingen, die außer Reichweite sind. Die Möglichkeiten, eine eigene Identität aus Gegenständen und Unternehmungen zu erschaffen, verschwinden immer mehr.

Driftet die SIEBEN in ihre niedrigste Energie ab, täuscht sie anderen ihre Freundschaft vor, um sich wirtschaftlich bei ihnen zu erholen. So lässt sie sich dann auf Kosten anderer einladen.

Die SIEBEN greift zu, sobald sie etwas entdeckt, was ihr den Moment gerade versüßen könnte. Der sogenannte Kaffeefaktor ist bei ihr im Vergleich zu allen anderen Typen am höchsten. Darunter versteht man diejenigen Konsumausgaben, die man im Laufe eines Zeitraums, z. B. eines Tages, hat und für sich betrachtet im Verhältnis zum Einkommen keinen großen Anteil ausmachen. Je nach Einkommenssituation handelt es sich dabei typischerweise um den Kaffee to go (daher auch der Name), das belegte Brötchen, das schnelle Essen auf die Hand zwischendurch oder, bei höherem Einkommen, Handtaschen, Schuhe, Klamotten, die einfach mal so gekauft werden.

Ermitteln Sie doch einmal Ihren persönlichen Kaffeefaktor. Auch als Nicht-SIEBEN kann dies eine Übung mit einem großen Aha-Effekt sein. Notieren Sie ab morgen für die nächsten sieben Tage, welche spontanen Ausgaben Sie in der Kategorie «Kaffeefaktor» getätigt haben. Sollten es viele Einzelausgaben sein, empfehle ich entweder die Kassenbelege zu sammeln oder einen Zettel mitzuführen und es direkt nach dem Einkauf kurz zu notieren. Tragen Sie die Summe Ihres Kaffeefaktors jeden Tag direkt hier ein.

Tag 1

Datum: ....

Kaffeefaktor: ....

Tag 2

Datum: ....

Kaffeefaktor: ....

Tag 3

Datum: ....

Kaffeefaktor: ....

Tag 4

Datum: ....

Kaffeefaktor: ....

Tag 5

Datum: ....

Kaffeefaktor: ....

Tag 6

Datum: ....

Kaffeefaktor: ....

Tag 7

Datum: ....

Kaffeefaktor: ....

Schauen Sie sich nun Ihre Zahlen an. Was ist Ihnen aufgefallen? Wie haben Sie sich dabei gefühlt, die Zahlen zu notieren? Bei den meisten, die diese Übung machen, stellt sich eine deutliche Reduzierung der Ausgaben mit fortschreitender Zeit ein. Woran liegt das? Das Gesetz der Anziehung bewirkt, dass wir unsere Energie auf unseren Fokus lenken. Im Falle dieser Übung weiß Ihr Unterbewusstsein, dass es irgendwie darum gehen könnte, den Kaffeefaktor zu reduzieren. Somit werden die Ausgaben unweigerlich irgendwann anfangen zu sinken, ohne dass Sie aktiv etwas dafür tun müssen, außer die Beträge zu notieren. Sie schaffen es, nur durch das Aufschreiben, Ihr Verhalten dahingehend zu verändern. Wenn Sie es dann noch schaffen, das Geld, das Sie nicht ausgegeben haben, zu sparen bzw. zu investieren, haben Sie einen sehr großen Schritt in Richtung Wohlstand gemacht. In Kapitel 13 gehe ich näher darauf ein, was der sogenannte Zinseszinseffekt vermag. Mit dieser kleinen Übung legen Sie die Basis dafür, Ihren Wohlstand kontinuierlich auszubauen.

Mein Mann und ich haben diese Übung über Wochen stetig gemacht und indirekt führen wir sie durch unser Haushaltsbuch weiter fort. Ich kann Ihnen sagen, dass der Effekt im Bereich von mehreren hundert Euro gelegen hat. Und das Schöne dabei ist, wir hatten nicht das Gefühl, dass wir auf irgendetwas verzichten. Wir haben einfach das Gesetz der Anziehung für uns genutzt und konnten damit unsere Ausgaben signifikant reduzieren.

Investitionsverhalten der SIEBEN
Die SIEBEN scheut sich vor großen, langfristigen Investitionen, da sie sich dadurch eingeschränkt und gebunden fühlt. Immobilien sind für sie ein schwer greifbares Thema. Sie wohnt lieber zur Miete, denn vielleicht möchte sie nächstes Jahr woanders wohnen. Auch wenn sie ihr Leben lang in der gleichen Mietwohnung bleibt, hätte sie ja die Möglichkeit, ganz schnell umzuziehen.

Selbst wenn sich die SIEBEN an einem Tag für eine Investition entschieden hat, kann es sehr gut sein, dass sie es sich am nächsten Tag anders überlegt und alles wieder zurückdreht. Sie reagiert oft impulsiv aus dem Moment heraus und schließt Verträge ab, ohne es wirklich gelesen, geschweige denn durchdacht zu haben.

„Alles wird gut."

Nina Ruge, Moderatorin

Benjamin Franklin, einer der Gründerväter der USA und Enneagrammtyp SIEBEN, hat für sich erkannt: «Vorsicht vor den kleinen Ausgaben; bereits ein kleines Leck lässt ein großes Schiff sinken.» Wenn die SIEBEN ihren Hang zum sofortigen Konsum erkennt und sich zügeln kann, wird sie in Bezug auf ihre finanziellen Möglichkeiten unglaubliche Kräfte freisetzen können. All die vielen kleinen Beträge, die sie dann nicht mehr wahllos ausgibt, können gut angelegt in einigen Jahren einen passablen Vermögensgrundstock bilden.

Die SIEBEN ist so sehr damit beschäftigt, Zukunftschancen zu suchen, dass sie die Gegenwart verpasst und das Gefühl hat, der richtige Zeitpunkt zum Investieren ist noch nicht gekommen. Es ist eine romantische Vorstellung, dass in der Zukunft alles besser werden wird, die im Grunde aus einem Mangelgefühl heraus entsteht. Diesen Mangel nimmt die SIEBEN aber nicht bewusst wahr, da sie sich stets darum bemüht, alle negativen Gefühle aus ihrem Leben zu verdrängen.

Bei finanziellen Themen sagen SIEBENer häufig: «Ach, an Kursverluste denke ich gar nicht, da wird schon nichts passieren» oder aber «Solche Entwicklungen wollen wir uns gar nicht erst herbeidenken». Sie verbannen ihre Gefühle und Gedanken in der Hoffnung, dass das Universum oder an was immer sie glauben, schon dafür sorgen wird, dass sie stets finanziell gut ausgestattet sind. Eine Extremform des positiven Denkens.

Da die SIEBEN das Thema Investitionen vermutlich nicht als das beliebteste Thema ansieht, fällt es ihr schwer, sich darauf einzulassen. Sie sabotiert den Aufbau ihres Vermögens regelmäßig, indem sie an ihr Geld geht und es doch wieder für das nächste attraktive Erlebnis ausgibt.

Darüber hinaus mag sich die SIEBEN nicht festlegen, da es ja noch in Zukunft ein anderes interessantes Angebot geben könnte. Ihr ständiges Hin und Her bei Investitionen kann sich für sie böse rächen, insbesondere aufgrund von Transaktionskosten oder anderen Gebühren.

Wohlstandsstrategien der SIEBEN

Um Wohlstand aufzubauen, profitiert die SIEBEN im Besonderen von Routinen, die sie in ihrem Alltag etabliert. Auch wenn es Ihnen als SIEBEN vielleicht auf den ersten Blick widerstrebt, sich mit Planung und Routinen auseinanderzusetzen, können Sie hierdurch einen erheblichen Vermögenshebel aktivieren. Fangen Sie mit kleinen Schritten an und nehmen Sie sich nach und nach den folgenden Zehn-Punkte-Plan vor. Entscheiden Sie sich jetzt für den ersten Punkt auf der Liste und beginnen Sie ab heute. Stellen Sie sich beispielsweise einen Serientermin in Ihrem Kalender ein und lassen Sie sich daran erinnern, regelmäßig das Haushaltsbuch zu führen.

1. Führen Sie mindestens drei Monate lang ein Haushaltsbuch. Schauen Sie danach, was Sie wirklich gebraucht und was Sie lediglich aus einem guten Gefühl heraus gekauft haben.
2. Legen Sie sich einen Zettel ins Portemonnaie: «Brauche ich das wirklich?» (*Brauchen* ist nicht gleich *möchten*.)
3. Versuchen Sie Spontankäufe zu vermeiden, nehmen Sie einen Einkaufszettel mit und halten Sie sich daran.
4. Legen Sie einen festen Anteil, bspw. fünf Prozent von Ihrem Einkommen, direkt in einem Vertrag an. Vergessen Sie dann, dass Sie es haben.
5. Schauen Sie kein Verkaufsfernsehen.
6. Lernen Sie zu warten oder sogar zu verzichten. Sie müssen nicht alles jetzt haben, auch wenn die Werbung es Ihnen suggeriert.
7. Lernen Sie loszulassen. Von allem, was Sie insgesamt an Dingen haben, geben Sie 20 Prozent weg (verkaufen oder verschenken).
8. Beurteilen Sie Ihre Einkäufe nach dem Schema: Wird es mir langfristig guttun?
9. Nehmen Sie keine neuen Konsumschulden auf (auch nicht Null-Prozent-Finanzierungen). Zahlen Sie die Schulden zurück, die Sie haben.
10. Um Geld zu sparen: Schauen Sie sich nach Secondhand-Artikeln um.

13.

Fahrt aufnehmen – bleiben Sie am Ball

Ich hoffe, Sie konnten sich in einem der neun Enneagrammtypen grundsätzlich finden. Seien Sie nicht frustriert, wenn Sie zwischen zwei Typen schwanken oder Sie das Gefühl haben, dass die Beschreibungen nicht zu 100 Prozent auf Sie zutreffen. Dies ist einzig und allein dem Modellcharakter geschuldet. Ein Punkt, den alle Persönlichkeitsmodelle gemeinsam haben. Ein Modell stellt immer eine Vereinfachung der Realität dar. Die menschliche Psyche in all ihren Facetten abzubilden, wird ein Modell nie leisten können. Ich empfehle Ihnen und möchte Sie darin bestärken, die aus Ihrem Ergebnis resultierenden Strategien umzusetzen und zu schauen, wie es Ihnen bei den einzelnen Punkten geht. Geben Sie sich hierbei etwas Zeit. Ein Veränderungsprozess geschieht selten über Nacht und erfordert Geduld und Nachsicht mit sich selbst. Sie sind in diesem Punkt ein Lernender.

Ein Hinweis kann sein, wenn Sie aus Ihrer Umwelt die Aussage hören: «Was ist denn mit dir los?» Sehen Sie das als Kompliment, auch wenn diejenigen Ihnen einreden wollen, Sie wären irgendwie komisch geworden. Dies stellt in der Regel nur die Angst bei der anderen Person dar, wenn sie erkennt, dass Sie sich persönlich weiterentwickeln. Bitte denken Sie in solchen Momenten an die beschriebenen Energie-Vampire. Aus eigener Erfahrung kann ich davon berichten, dennoch habe ich weiterhin Freunde. Wobei ich sagen muss, dass sich die Zusammensetzung des Freundeskreises über die Jahre hinweg geändert hat.

„Beginnen Sie innerhalb von 72 Stunden."

Der Kompass sollte nun eingestellt sein, wenn Sie dieses Buch gelesen haben. Wichtig ist, dass Sie von jetzt an Fahrt aufnehmen. Die Zehn-Punkte-Strategie ist ein geeigneter Startpunkt, um monetären Wohlstand aufzubauen. Es ist überhaupt nicht schlimm, nach den ersten Strecken eine Kurskorrektur vorzunehmen. Schlimmer wäre es, nicht zu starten oder jahrelang in die falsche Richtung zu handeln. Mit der Zehn-Punkte-Strategie haben Sie die richtige Mischung aus Money Mindset und konkreten Handlungsempfehlungen an der Hand, um sofort loslegen zu können.

Damit ist es aber natürlich nicht getan. Es erfordert stetiges Lernen und Wachsen, um das Momentum nicht zu verlieren. In diesem Abschnitt möchte ich Ihnen daher noch weiterführende, z. T. fortgeschrittene Ideen mit an die Hand geben.

Erfolgreich wird der sein, der Verantwortung für seine Themen übernimmt. Das gilt natürlich nicht nur für das Gebiet Finanzen, sondern für alle Ihre Lebensbereiche. Für Ihren Wohlstand bedeutet es ganz konkret: Setzen Sie die Zehn-Punkte-Wohlstandsstrategie um und kommen Sie vom Denken zum Tun. Dies ist eine der wichtigsten Voraussetzungen. Lieber unperfekt scheitern, als perfekt zu zögern oder gar nicht erst zu starten. Die Wahrscheinlichkeit, dass Sie die gewünschten Resultate erzielen, ist um ein Vielfaches höher, wenn Sie zügig mit der Umsetzung der gesteckten Ziele starten. Eine Maßgabe kann beispielsweise sein, innerhalb von 72 Stunden eine Aktivität zu beginnen, die Sie sich vorgenommen haben. Alles, was Sie auf später schieben, werden Sie vermutlich nie anfangen. Holen Sie sich das Bild der Komfortzone noch einmal ins Gedächtnis. Nur wer die Komfortzone verlässt und Dinge anders macht als bisher, wird letztendlich mit Erfolg belohnt und persönlich wachsen. Das heißt konkret, wenn Sie unsicher werden und vielleicht sogar Angst verspüren, können Sie sich freuen: Sie sind auf dem richtigen Weg. Schauen Sie nun, dass die Angst Sie nicht lähmt und holen Sie sich ggf. Unterstützung bei der Umsetzung Ihrer Ideen. Hier kann ich aus eigener Erfahrung sagen, dass Sie am meisten lernen werden, wenn Sie sich mit Menschen umgeben, die bereits dort sind, wo Sie hinmöchten. Das muss im ersten Schritt nicht derjenige sein, der bereits fünf Millionen Euro auf dem Konto hat. Denken Sie dabei an eine Erfolgsleiter. Hier würden Sie auch nicht vom Boden bis hin zur obersten Sprosse springen. Machen Sie stetige Schritte, damit werden Sie Ihr Vermögen immer weiter vermehren.

Eine Grundvoraussetzung hierfür ist, dass Sie Transparenz schaffen in Hinblick auf Ihre konkrete Finanzsituation. Hierzu gehört zuallererst, sich all Ihre Einkommensquellen anzusehen. Stellen Sie am besten direkt eine digitale Liste auf. So haben Sie schon eine gute Basis für ein Haushaltsbuch gelegt. Danach schauen Sie auf Ihre Ausgabenseite und notieren zuerst alle regelmäßigen Abgänge wie beispielsweise Miete, Kredite, Versicherungen. Danach brauchen Sie ein Gefühl für Ihre variablen Ausgaben wie Essen, Tanken, Kleidung, Ausgehen etc. Es ist hilfreich, wenn Sie grobe Kategorien einführen, in die Sie dann effizient Ihre Ausgaben einsortieren können. Allein mit diesem Überblick sind Sie sehr viel weiter als die meisten anderen Menschen. Sie bekommen, wenn Sie dies regelmäßig machen, eine sehr verlässliche Aussage über Ihre Einnahmen und Ausgaben und wissen genau, ob sie einen Überschuss im Monat haben oder nicht. Die meisten denken, dass sie diese Zahlen im Kopf haben. Dies ist ein Trugschluss – wie ich aus eigener leidvoller Erfahrung sagen kann.

Reflexionsfrage: Können Sie mit 10 bis 20 Prozent weniger Einnahmen Ihren aktuellen Lebensstandard halten? Kreisen Sie ein:

JA   NEIN

Ist Ihre Antwort «Ja», ist dies schon eine gute Grundlage für nachhaltigen Vermögensaufbau. Wenn die Antwort «Nein» ist oder Sie gar nichts mit gutem Gefühl einkreisen konnten, empfehle ich Ihnen wärmstens, sich mit einem Haushaltsbuch den notwendigen Überblick über Ihre Finanzen zu verschaffen. Mit Transparenz stellen Sie sicher, dass Ihre Aktivitäten in die richtige Richtung gehen. Und ganz nebenbei übernehmen Sie Verantwortung und werden der beste Experte für Ihre Finanzsituation.

Eine für mich nicht mehr wegzudenkende Strategie für meinen persönlichen Vermögensaufbau ist das Drei-Konten-Modell. Vielleicht kennen Sie auch noch von früher die Verteilung des Haushaltsgeldes in mehreren Gläsern. Meine Eltern hatten z. B. jahrzehntelang im Schrank Einmachgläser stehen, an denen kleine Zettelchen klebten, wofür das darin befindliche Geld zu verwenden war. Hierdurch wurden die Ausgaben und auch das Spar-/Investitionsverhalten gesteuert. Übersetzt auf die heutige Zeit empfiehlt es sich, einfach drei Konten einzurichten. Hierbei ist kein Gedankenkonstrukt gemeint, sondern drei verschiedene Konten bei Ihrer Bank.

Konto 1: laufendes Konto
Auf das laufende Konto erfolgt der Eingang all Ihrer Einnahmen (Gehalt, Kindergeld, Erstattungen etc.). Von diesem Konto bestreiten Sie Ihren Lebensunterhalt, sprich Miete, Einkaufen, Tanken etc. Dieses Prinzip gilt für das Angestelltenverhältnis, ebenso kann man es aber auch auf Selbstständige/Freiberufler anwenden. Ein Konto für alles ist niemals ratsam, da Sie es sich damit nur unnötig schwer machen.

„Geld, das man nicht ausgibt, macht einen vermögend."

Konto 2: Sparkonto

Das Sparkonto ist ein Zwischenkonto, auf dem Sie Geld sammeln, um es zu investieren. Die Empfehlung für den Anfang ist, zehn Prozent der Einnahmen des laufenden Kontos auf dieses Konto mit einem Dauerauftrag zu übertragen. Der Zeitpunkt sollte mit der Haupteinnahmequelle Ihres Lebensunterhalts gleich fallen. Überlegen Sie, dass Sparen im Grunde bedeutet, dass Sie sich von Ihrem Geld zuerst bezahlen. Das ist vielleicht nicht sofort eingängig, aber denken Sie mal über den Unterschied nach: Sie bezahlen sich durch die Überweisung auf Ihr Sparkonto direkt beim Geldeingang, oder Sie bezahlen sich von dem, was am Ende des Monats übrig bleibt – wenn überhaupt etwas übrig bleibt. Sie sind es wert, dass Sie wohlhabend sind und eine finanzielle Sicherheit aufbauen. Zeigen Sie sich diesen Wert, indem Sie sich vor allen anderen selbst bezahlen. Ganz nebenbei bemerkt: Sie werden nach einiger Zeit feststellen, dass Sie die zehn Prozent überhaupt nicht vermissen und Sie sich trotzdem nicht einschränken mussten. Sie erleben, wie Sie Wohlstand ohne das Gefühl von Verzicht aufbauen können. Etwas, das sich die meisten Menschen überhaupt nicht vorstellen können. Wenn Sie an diesem Punkt angekommen sind, legen Sie die Latte Stück für Stück etwas höher, bis Sie 20

Prozent oder mehr erreicht haben. Sie werden merken, auch das funktioniert mit gutem Gefühl.

Zusatztipp: Bei jeder Gehaltserhöhung passen Sie den Dauerauftrag so an, dass 50 Prozent der Erhöhung direkt auf das Sparkonto gehen. Von einmaligen Extra-Eingängen, z. B. Steuererstattungen, legen Sie auch wieder 50 Prozent auf die Seite. Dieser Hebel ist enorm und tut Ihnen nicht weh, da Sie das Geld vorher schließlich auch nicht hatten.

Konto 3: Spaßkonto

Das Spaßkonto ist, wie der Name schon sagt, für die Ausgaben gedacht, die Ihnen wirklich Spaß machen sollen. Das kann ein Ausflug mit der ganzen Familie sein, der nächste Konzertbesuch oder ein Festival sowie Ihr nächster Urlaub. Auch das neue Auto gehört in diese Kategorie, da es kein Investment im klassischen Sinn ist. Übertragen Sie auch auf dieses Konto per Dauerauftrag regelmäßig wie auf das Sparkonto einen Betrag. Beginnen Sie hier mit ca. zehn Prozent. Somit sammeln Sie kontinuierlich Geld, für das Sie sich kein schlechtes Gewissen machen müssen. Wenn Sie bisher die oben genannten Beispiele aus dem Dispo bezahlt haben, hören Sie heute damit auf. Sie befinden sich damit in einer Abwärtsspirale, die Sie sehr viel Geld kostet und Sie in eine Richtung treibt, in die Sie nicht wollen. Mit dieser Methode lernen Sie, sich auf etwas freuen zu können, auch wenn das bedeutet, nicht alles sofort haben zu können und Wünsche länger zu hegen. Auch wenn der Anfang vielleicht mühsam erscheint: Bleiben Sie unbedingt dran! Sie werden merken, wie sich Ihre Einstellung ändern wird. Sie werden glücklicher und zufriedener durchs Leben gehen, wenn Sie für Ihre Freizeitaktivitäten sparen. Es hört sich paradox an, aber dieses Verhalten wertet das, was Sie tun, massiv auf.

Wenn Sie als Typ DREI oder ACHT jetzt denken: «Geld anlegen macht mir am meisten Spaß!», finden Sie bitte noch einen anderen Bereich in Ihrem Leben, der Ihnen Freude bereiten kann.

Sinnvolle Schuldentilgung

Wie geht man sinnvoll mit Schulden um? Viele sagen: «Am besten keine machen». Das hilft nur bedingt, wenn man eben schon in der Situation ist, die ein oder andere Verpflichtung eingegangen zu sein. Was also sinnvollerweise tun?

Zunächst möchte ich gute und schlechte Schulden unterscheiden. Was meine ich damit? Es gibt Schulden, für die der Gegenwert dessen, was wir dafür kaufen, die Kreditlaufzeit nicht überdauert. Das sind in der Regel alle Konsumschulden. Stellen Sie sich vor, Sie finanzieren ein Handy über 24 Monate Laufzeit mit kleinen Raten. Das Handy ist nach dieser Zeit längst nicht mehr das wert, und Sie zahlen immer noch ab oder überlegen sogar selbst schon, sich wieder ein neues Modell zuzulegen. All diese Art von Schulden zähle ich zu den schlechten Schulden. Sie bringen uns in eine Abhängigkeit, nur weil wir etwas sofort haben wollten und das Gefühl hatten, nicht warten zu können, bis wir das Geld angespart haben.

Das Wort «Schulden» hat etwas mit Schuld auf sich laden zu tun. Und gerade bei Konsumschulden laden wir die Schuld auf uns, nicht verantwortungsvoll mit unserem Geld umzugehen. Denken Sie mal über diese Perspektive nach.

Die guten Schulden dagegen sind die Verpflichtungen, die wir eingehen, um einen großen Vermögenswert zu erlangen. Dies sind nach meiner Ansicht Immobilien, solange wir in einem Markt sind, in dem der Wert der Immobilie den Kreditbetrag übersteigt. Wenn diese Immobilie sogar vermietet wird, können diese Schulden bei der Steuererklärung als

Einkommensminderung angesetzt werden. Durch jede Tilgung tragen wir etwas zu unserem Vermögensaufbau bei.

Beim Umgang mit den schlechten Schulden geht es aber nicht darum, diese so schnell wie möglich abzubezahlen. Das mag Ihnen vielleicht merkwürdig vorkommen. Schließlich möchten Sie sich frei machen von der Verpflichtung. Sie möchten raus aus den Schulden und selbstbestimmt leben. Aber was passiert, wenn Sie nur Ihre Schulden bezahlt haben? Stellen Sie sich vor, Sie bezahlen mit allen zur Verfügung stehenden Mitteln die nächsten zwei oder drei Jahre Ihre Kredite zurück. Wo stehen Sie? Sie haben Ihre Schulden bezahlt und auf Ihrem Konto ist gähnende Leere – von Vermögensaufbau ganz zu schweigen. Sinnvoll ist es, ähnlich wie bei dem Kontenmodell, einen Teil des Einkommens in die Schuldentilgung zu stecken und einen anderen Teil in den Vermögensaufbau zu investieren. Die Zeit, die Sie zum Abbezahlen der Schulden benötigen, wird zwar länger. Auf der anderen Seite bauen Sie sich eine Basis für Ihren Wohlstand auf. Sie arbeiten somit an beiden Seiten der Gleichung. Der Effekt ist höher, und Sie profitieren davon.

Erstellen Sie nun einen Finanzplan

Vervollständigen Sie folgenden Satz: Im Jahr .... werde ich ein Vermögen von .... Euro angesammelt haben.

Bei Ihrem Finanzplan sollten Sie zwischen Einmalanlagen und regelmäßigem Sparen unterscheiden. Viele Menschen überschätzen, was in einem Jahr möglich ist, und unterschätzen, was in vielen Jahren erreichbar ist. Tatsächlich kommt es beim Vermögensaufbau weniger darauf an, ein besonders hohes Einkommen anzustreben, sondern das Sparen als einen der ersten Abzüge zu berücksichtigen. Sie sparen sich reich.

Lassen Sie Ihr Geld für sich arbeiten: die Einmalanlage

Die folgende Tabelle zeigt Ihnen die Vermögensentwicklung bei einer Einmalanlage von 1000 Euro zu unterschiedlichen Zinssätzen. Je höher der Zinssatz, umso risikoreicher ist das Investment und umso langfristiger sollte Ihr Anlagehorizont sein. Der langfristige Bereich beginnt allgemeinhin bei sieben Jahren Anlagedauer. Daher beginnt unsere Tabelle auch erst ab dem siebten Jahr.

Jahre	8 %	10 %	12 %	15 %
7	1713,82	1948,72	2210,68	2660,02
8	1850,93	2143,58	2475,96	3059,02
9	1999,00	2357,94	2773,08	3517,88
10	2158,92	2593,74	3105,85	4045,56
11	2331,64	2853,12	3478,55	4652,39
12	2518,17	3138,43	3895,98	5350,25
13	2719,62	3452,27	4363,49	6152,79
14	2937,19	3797,50	4887,11	7075,71
15	3172,17	4177,25	5473,57	8137,06
16	3425,94	4594,97	6130,39	9357,62
17	3700,02	5054,47	6866,04	10.761,26

Jahre	8 %	10 %	12 %	15 %
18	3996,02	5559,92	7689,97	12.375,45
19	4315,70	6115,91	8612,76	14.231,77
20	4660,96	6727,50	9646,29	16.366,54
21	5033,83	7400,25	10.803,85	18.821,52
22	5436,54	8140,27	12.100,31	21.644,75
23	5871,4	8954,30	13.552,35	24.891,46
24	6341,18	9849,73	15.178,63	28.625,18
25	6848,49	10.834,71	17.000,06	32.918,95
26	7396,35	11.918,18	19.040,07	37.856,80
27	7988,07	13.109,99	21.324,88	43.535,31
28	8627,11	14.420,99	23.883,87	50.065,61
29	9317,27	15.863,09	26.749,93	57.575,45
30	10.062,66	17.449,40	29.959,92	66.211,77

Nun können Sie für jedes Beispiel Ihrer Wahl schnell ausrechnen, wie viel Geld Sie einmalig einsetzen müssen, um ein bestimmtes finanzielles Ziel zu erreichen. Zwei Beispiele zur Veranschaulichung.

Beispiel 1: Sie möchten in zehn Jahren ein Vermögen von 500.000 Euro erhalten. Sie gehen in ein moderates Risiko mit einer durchschnittlichen Verzinsung von acht Prozent. Um die notwendige Einmalanlage hierfür herauszufinden, gehen Sie wie folgt vor: Schauen Sie in der Tabelle in der Zeile «10 Jahre» und der Spalte «8 Prozent» nach dem dort eingetragenen Wert. Sie lesen 2158,92 Euro ab. Ihr Zielkapital, in diesem Fall 500.000 Euro, wird durch diesen Wert geteilt. Das Ergebnis anschließend mal 1000 gerechnet. Das Ergebnis hieraus ist 231.597,28 Euro.

Rechnung: 500.000 : 2158,92 = 231,59 x 1000 = 231.597,28 Euro

In Worten bedeutet es, dass Sie eine Einmalanlage zu acht Prozent und zehn Jahren Laufzeit in Höhe von 231.597,28 Euro tätigen müssen, um nach Ablauf der Zeit ein Kapital von 500.000 Euro erreicht zu haben.

Beispiel 2: Sie möchten in zehn Jahren ein Vermögen von 500.000 Euro erhalten. Sie gehen in ein höheres Risiko mit einer Verzinsung von 12 Prozent. Auch hier lesen Sie den Wert wieder in der Tabelle oben ab. Sie bleiben in der Zeile «10 Jahre» und gehen weiter nach rechts in die Spalte «12 %». Der Wert in dem Feld ist 3105,85 Euro. Das Ergebnis wird wieder mal 1000 gerechnet und ergibt das einzusetzende Kapital.

Rechnung: 500.000 : 3105,85 = 160,98 x 1000 = 160.986,53 Euro

Auch hier noch mal in Worten beschrieben: Sie benötigen eine Einmalanlage von 160.986,53 Euro, um bei einer angenommenen durchschnittlichen Verzinsung von 12 Prozent nach zehn Jahren Laufzeit einen Betrag von 500.000 Euro erreicht zu haben.

Im Vergleich müssten Sie also bei gleichem Ergebnis 70.610,75 Euro weniger an Kapital aufbringen, wenn Sie sich für eine Anlageform entscheiden, die vier Prozentpunkte mehr erwirtschaftet.

Ich lade Sie ein, einfach einige Konstellationen durchzurechnen, die Sie interessieren. Vielleicht ein anderes Vermögensziel, einen anderen Zeitraum oder andere Renditen. Probieren Sie es aus, dadurch bekommen Sie schnell ein Gefühl für das, was mit einer Einmalanlage möglich ist.

Lassen Sie Ihr Geld für sich arbeiten – der Sparplan

Nun hat vielleicht nicht jeder die Möglichkeit, einen größeren Einmalbetrag anzulegen. Resignieren Sie nicht. Sie können sich auch über die Zeit mit dem Sparen regelmäßiger Beträge zu Ihrem Wohlstandsziel sparen. Viele Menschen unterschätzen, was mit stetigem Sparen und einem langfristigen Horizont möglich ist. Gerade deshalb ermutige ich auch immer wieder Kinder und Jugendliche, frühzeitig mit dem Sparen zu beginnen. Einmal verinnerlicht ist es ein Selbstläufer.

Wieder gebe ich Ihnen eine Tabelle an die Hand. Hier sehen Sie, was Sie mit nur 100 Euro Sparbetrag im Monat bei der Anlage in unterschiedliche Investments über die Zeit erreichen können. Hierbei wird eine monatliche Zahlung sowie eine monatliche Zinsperiode, d. h. monatliche Zinsausschüttung, an Sie angenommen.

Für einen signifikanten Vermögensaufbau ist es wichtig, geeignete Investments auszuwählen. Achtung: Das Sparen auf dem Girokonto oder Sparkonto lohnt sich aktuell überhaupt nicht. Gegengerechnet zur Inflation vernichten Sie hier sogar Geld, obwohl Sie so schön regelmäßig Geld auf die Seite legen. Informieren Sie sich über Anlagemöglichkeiten, die bei Durchschnittsrenditen von acht Prozent oder mehr liegen.

Jahre	8 %	10 %	12 %	15 %
7	11.286,07	12.195,83	13.197,90	14.896,82
8	13.476,10	14.739,93	16.152,66	18.596,33
9	15.847,91	17.550,42	19.482,15	22.884,78
10	18.416,57	20.655,20	23.233,91	27.865,73
11	21.198,43	24.085,10	27.461,48	33.647,38
12	24.211,18	27.874,15	32.225,22	40.358,46
13	27.473,99	32.059,97	37.593,11	48.148,38
14	31.007,61	36.684,09	43.641,80	57.190,56
15	34.834,51	41.792,43	50.457,60	67.686,31
16	38.979,05	47.435,67	58.137,82	79.869,30
17	43.467,59	53.669,83	66.792,08	94.010,76
18	48.328,67	60.556,79	76.543,92	110.425,53
19	53.593,22	68.164,91	87.532,54	129.479,04
20	59.294,72	76.569,69	99.914,79	151.595,50

Jahre	8 %	10 %	12 %	15 %
21	65.469,45	85.854,57	113.867,42	177.267,27
22	72.156,67	96.111,69	129.589,59	207.065,90
23	79.398,93	107.442,87	147.305,73	241.654,79
24	87.242,30	119.960,57	167.268,72	281.804,00
25	95.736,66	133.789,03	189.763,51	382.502,45
26	104.936,04	149.065,52	215.111,20	382.502,45
27	114.898,98	165.941,66	243.673,62	445.293,56
28	125.688,83	184.584,95	275.858,47	518.178,63
29	137.374,23	205.180,43	312.125,16	602.780,29
30	150.029,52	227.932,53	352.991,38	700.982,06

Mit dieser Tabelle können Sie für jedes Beispiel Ihrer Wahl schnell ausrechnen, wie viel Geld Sie regelmäßig einsetzen müssen, um ein bestimmtes finanzielles Ziel zu erreichen. Zwei Beispiele zur Veranschaulichung:

Beispiel 1: Sie möchten in 20 Jahren ein Vermögen von 500.000 Euro erhalten. Sie gehen in ein moderates Risiko mit einer Verzinsung von acht Prozent. Um nun herauszufinden, wie hoch die monatliche Sparrate sein muss, um bei acht Prozent in 20 Jahren eine halbe Million Euro angespart zu haben, gehen Sie wie folgt vor: Schauen Sie in die Tabelle in die Zeile

«20 Jahre» und die Spalte «8 Prozent». Hier finden Sie den Betrag 59.294,72 Euro.

Rechnung: 500.000 : 59.294,72 = 8,43 x 100 = 843 Euro

In diesem Beispiel sparen Sie also monatlich 843 Euro für 20 Jahre in einer Anlage, die Ihnen im Durchschnitt acht Prozent Rendite bringt. Sie haben nach dieser Zeit 500.000 Euro angespart.

Beispiel 2: Sie möchten in 20 Jahren ein Vermögen von 500.000 Euro erhalten. Sie gehen in ein höheres Risiko mit einer Verzinsung von 12 Prozent. Sie bleiben in der Tabelle in der Zeile «20 Jahre» und gehen in die Spalte mit «12 Prozent». Hier lesen Sie den Wert 76.569,69 Euro ab. Auch hier nehmen Sie Ihren Zielbetrag von 500.000 Euro und teilen ihn durch den aus der Tabelle ermittelten Wert. Dieses Ergebnis mal 100 gerechnet ergibt die monatliche Sparrate.
Rechnung: 500.000 : 76.569,69 = 6,53 x 100 = 653 Euro

In diesem Beispiel erkennen Sie, dass Sie bei einer höheren durchschnittlichen Verzinsung nur noch 653 Euro im Monat sparen müssen, um das gleiche Kapital nach 20 Jahren zu erreichen.

In der Tabelle können Sie aber auch einfach ablesen, was aus einem regelmäßigen Sparbetrag von 100 Euro wird. Wenn man beispielsweise für sein Kind ab der Geburt 100 Euro auf die Seite legt und nur acht Prozent Durchschnittsrendite erhält, würde es zum 18. Geburtstag 48.300 Euro erhalten. Und bei 15 Prozent sogar stolze 110.000 Euro.

14.
Next Level

Wenn Sie die Tipps aus Kapitel 13 bereits umsetzen, möchte ich Ihnen an dieser Stelle gratulieren. Sie haben unglaublich an sich gearbeitet und Ihre Finanzen grundlegend (um)strukturiert. Darüber hinaus haben Sie Ihr Mindset richtig auf Wohlstand ausgerichtet. Spätestens hier ist es an der Zeit, innezuhalten, die Erfolge anzuerkennen und zu feiern. Denken Sie einmal an die Zeit zurück, bevor Sie sich mit Ihrem Money Mindset und Ihren Finanzen beschäftigt haben.

Wie fühlt sich das jetzt an? Notieren Sie Ihre Gedanken direkt hier:

....

....

....

....

....

Sind Sie bereit für die nächste Stufe?

Ich möchte Sie ermutigen, sich regelmäßig mit Wohlstand-schaffenden Themen zu beschäftigen. Dies kann z. B. sein:
- wie funktioniert die Börse oder der Aktienhandel,
- wie ist meine Steuerlast,
- was ist wichtig beim Immobilienkauf,
- was sind Kryptowährungen,
- welche Versicherungen habe ich, sowie
- die aktuellen Anlageprodukte auf Rentabilität bzw. Rendite zu prüfen.

Vorschläge, um bei den oben genannten Punkten ins Tun zu kommen:

- Börse: Hier empfehle ich zunächst, einfache Erklärvideos z. B. auf YouTube anzuschauen. Dort finden Anfänger einen sehr gut erklärten Einstieg in das Thema. Die Zeiten, in denen Sie für ein Depot in eine Bank gehen mussten, sind vorbei. Sie können dies natürlich weiterhin tun, aber der Aktienhandel hat sich deutlich digitalisiert und ist heutzutage leichter denn je. Verfolgen Sie die Werte vom DAX oder vom S&P 500 und versuchen Sie ein grobes Gefühl für die Entwicklung zu bekommen. Hinweis: Aktien sind immer langfristig und niemals kurzfristig. Jemand, der Ihnen schnelle Gewinne verspricht, ist in der Regel sehr unseriös.

„Menschen überschätzen, was sie in einem Jahr erreichen können, und unterschätzen, welche Erträge langfristig erzielt werden können."

- Steuerlast: Schauen Sie sich ganz bewusst Ihre letzte Lohnsteuerbescheinigung an und markieren Sie dort, wie viel Steuern Sie eigentlich zahlen. Im zweiten Schritt recherchieren Sie. Wenn Sie keine Steuererklärung abgegeben haben, ist es umso wichtiger, dies zu prüfen, da sehr viele Menschen ungenutztes Kapital einfach liegen lassen. Gründe hierfür sind oft Überforderung, Trägheit oder Unwissenheit. Schauen Sie, dass Sie Ihren Erfolgsverhinderer hinter sich lassen können. Der regionale Lohnsteuerhilfeverein ist zum Beispiel eine gute Adresse in Ihrer Nähe. Aus eigener Erfahrung kann ich berichten, dass in meinem Bekanntenkreis einige aus der Überzeugung, dass es sowieso nichts bringt, keine Steuererklärung abgegeben haben. Und dies über Jahre hinweg. Gerade für die Enneagrammtypen ZWEI, VIER, SIEBEN und NEUN ist dieser Punkt sicherlich eine besondere Herausforderung.

- Immobilienkauf: Finden Sie heraus, welche Immobilien in Ihrem Umkreis überhaupt angeboten werden, um ein Gefühl dafür zu bekommen, welche Immobilien zu welchem Preis zu erwerben sind. Die üblichen Internetportale können Sie nutzen, um Suchaufträge in Ihrer Region zu hinterlegen. Überlegen Sie, ob Sie die Immobilie selbst nutzen möchten oder ob sie ein Investitionsobjekt sein soll. Viele zahlen ein Leben lang für eine Immobilie, doch gleichzeitig gehört sie ihnen nicht. Diese Menschen nennt man Mieter. Mit dem gleichen finanziellen Aufwand können Sie deutlich optimierter Ihr eigenes Vermögen aufbauen. Der Glaubenssatz, dass man nur einmal im Leben eine Immobilie kauft oder ein Haus baut, welcher typisch für Enneagrammtyp SECHS ist, sollte hinterfragt werden. Trauen Sie sich, einen Besichtigungstermin zu vereinbaren auch ohne konkrete Kaufabsicht. Sie können dort all Ihre Fragen platzieren und bekommen immer mehr Vertrauen in Ihre eigene Kompetenz.

- Kryptowährungen: Auch hier gilt: YouTube ist ein verlässlicher Partner für den Einstieg in das Thema. Schauen Sie sich die Entwicklungen an, lernen Sie die typischen Vokabeln wie «Blockchain», «Coin», «Token» etc. Sie können sich einfach und schnell online bei einer Handelsplattform anmelden und Geld von Ihrem Konto investieren. Auch hier gilt: Investieren Sie nicht, wenn Sie es nicht verstanden haben. Dieser Rat gilt insbesondere für die DREIer und ACHTer. Lassen Sie sich nicht verleiten von Marktversprechungen. Bilden Sie sich eine eigene Meinung. Ich möchte ausdrücklich darauf hinweisen, dass es ein Risiko-Invest ist, nichtsdestotrotz zeigt die aktuelle Entwicklung, dass dieses Thema auch in Zukunft weiter präsent sein wird. Die SECHSer unter uns, die sich informiert und ein Bild gemacht haben, brauchen nun bestimmt eine extra Portion Mut. Nehmen Sie nur Geld, das Sie nicht unbedingt kurz- oder mittelfristig benötigen.

- Versicherungen: Stellen Sie sich bitte erst die Frage, ob Sie alle Versicherungsunterlagen jetzt griffbereit hätten. Wenn dies nicht der Fall ist, empfehle ich Ihnen dringend, sich einen dicken Ordner zu kaufen und mit Einlegelaschen die einzelnen Versicherungen zu sortieren. Ordnen Sie nach Themengebieten, bspw.
    - Altersvorsorge: Markieren Sie Ihren aktuellen Rentenbetrag.
    - Persönliche Absicherung, z. B. Berufsunfähigkeit und Unfallversicherung
    - Vermögensabsicherung, z. B. Kfz-Versicherung, Wohngebäudeversicherung, Haftpflichtversicherung, Rechtsschutz

- Darüber hinaus stellen Sie Informationen zu Ihrem Vermögensaufbau zusammen. Hierzu zählt:
    - Prüfung, ob Ihr Arbeitgeber vermögenswirksame Leistungen anbietet.
    - Bestehen aktuell Bausparverträge oder andere Sparpläne? Wie rentabel sind diese aus heutiger Sicht?

Die Enneagrammtypen EINS und SECHS werden vermutlich gut sortiert sein. Hier ist die Herausforderung zu prüfen, inwieweit wirklich alle Verträge einen Sinn machen. Diese beiden Typen neigen dazu, überversichert zu sein.

Die meisten anderen Typen beschäftigen sich im Endeffekt mehr mit der Planung ihres nächsten Urlaubs als mit der Planung einer langfristigen Vermögensabsicherungs- bzw. Vermögensaufbaustrategie. Auf ein Arbeitsleben hochgerechnet, kann dies einen sehr großen Unterschied bedeuten. Scheuen Sie sich nicht, Unterstützung zu holen. Hier empfiehlt es sich, zu unabhängigen Versicherungsberatern Kontakt aufzunehmen. Scheuen Sie sich auch hier nicht, zu vergleichen. Dieses Thema ist in Summe zu wichtig, als dass Sie es halbherzig angehen.

Wenn Sie aktuell in einem oder mehreren genannten Punkten einen Anlageberater o. Ä. haben, stellen Sie diesem Berater immer die Frage, ob er selbst das angepriesene Produkt hat bzw. darin investiert ist. Lassen Sie sich die Gründe erklären. Gerade als EINS oder FÜNF wird Ihnen dieses Wissen helfen, eine Entscheidung zu treffen. Ich selbst praktiziere die Methode schon seit Jahren, und glauben Sie mir, hier wird nicht nur eine interessante Erkenntnis auf Sie warten. Denn ein Verkäufer möchte Ihnen das für ihn rentabelste Produkt verkaufen und nicht unbedingt das, das für Ihre Situation am geeignetsten ist.

15.
FÜNF Gründe

Notieren Sie bitte nachfolgend fünf Gründe, warum Sie es verdient haben, Wohlstand aufzubauen und finanzielle Freiheit zu erlangen.

16. Enneagramm-Typentest

Der vorliegende Test kann Sie dabei unterstützen, Ihren Enneagrammtyp zu erkennen. Ich empfehle, diesen Test nicht unvorbereitet zu machen, sondern sich erst mit den neun Typen (mit Hilfe der vorausgehenden Kapitel) auseinanderzusetzen. Sie erhöhen damit die Chance, den korrekten Typ zu treffen. Sie können auf einer Skala von 0 (stimme überhaupt nicht zu) bis 6 (stimme voll und ganz zu) die Antwort ankreuzen, die für Sie am ehesten Sinn ergibt. Wenn Sie schwanken, nehmen Sie die Antwort, die Ihnen am spontansten zusagt.

Ein Test ist immer ein Hilfsmittel und kann keine persönliche Typisierung ersetzen. Je nachdem, wie eindeutig Sie einem der Typen zugeordnet werden können, umso höher die Chance, richtig zu liegen. Bei starker Ausprägung von Flügeln kann ein Test nur limitierte Ergebnisse bringen. Nichtsdestotrotz werden Sie eine Erkenntnis über die hauptsächlichen Motivatoren erlangen.

Setzen Sie sich bitte nicht unter Druck. Es gibt kein «richtig» oder «falsch». Es ist nur wichtig, dass Sie alle Fragen beantworten. Wenn Sie Ihren Enneagrammtyp nach dem Test bestimmt haben, lade ich Sie ein, die entsprechenden Kapitel in diesem Buch nochmals zu lesen und für sich zu prüfen, ob es sich größtenteils stimmig anfühlt.

Ich wünsche Ihnen viel Freude dabei.

1	Ich halte meinen Ärger oft zurück.	0 1 2 3 4 5 6
2	Ich spüre, wie es anderen geht.	0 1 2 3 4 5 6
3	Es ist wichtig, sich gut zu verkaufen.	0 1 2 3 4 5 6
4	Ich vermeide es, aufzufallen.	0 1 2 3 4 5 6
5	Ich kann gut mit anderen teilen.	0 1 2 3 4 5 6
6	Ich fühle mich oft missverstanden.	0 1 2 3 4 5 6
7	Ich kann Spannungen nicht gut ertragen.	0 1 2 3 4 5 6
8	Ich sage gern, was gemacht wird.	0 1 2 3 4 5 6
9	Ich sehne mich nach einer Heimat.	0 1 2 3 4 5 6
10	Ich versuche, andere Menschen zu begeistern.	0 1 2 3 4 5 6
11	Lebenslanges Lernen ist mir wichtig.	0 1 2 3 4 5 6
12	Andere Menschen suchen meine Gesellschaft.	0 1 2 3 4 5 6
13	Ich spreche oft und gern über meine Arbeit.	0 1 2 3 4 5 6

14	Gerechtigkeit ist mir sehr wichtig.	0 1 2 3 4 5 6
15	Ein Gewitter reinigt die Luft.	0 1 2 3 4 5 6
16	Andere fühlen sich bei mir unwohl.	0 1 2 3 4 5 6
17	Ich vermeide Konflikte, wenn es irgendwie möglich ist.	0 1 2 3 4 5 6
18	Ich kann gut allein sein.	0 1 2 3 4 5 6
19	Ich gehe ganz in Beziehungen auf.	0 1 2 3 4 5 6
20	Es fällt mir schwer, mich zu entspannen.	0 1 2 3 4 5 6
21	Erfolg und Status sind mir sehr wichtig.	0 1 2 3 4 5 6
22	Positives Denken fällt mir sehr leicht.	0 1 2 3 4 5 6
23	Ich habe oft ein schlechtes Gewissen.	0 1 2 3 4 5 6
24	Wichtig an einer Person ist, dass sie etwas «hermacht».	0 1 2 3 4 5 6
25	Mein beruflicher Erfolg hat höchste Priorität.	0 1 2 3 4 5 6
26	Ich genieße es, im Mittelpunkt zu stehen.	0 1 2 3 4 5 6

27	Ich habe gegenüber Autoritäten ein gespaltenes Verhältnis.	0 1 2 3 4 5 6
28	Ich bin sehr sensibel.	0 1 2 3 4 5 6
29	Menschen nennen mich oft «Drama Queen» oder «Dramatiker».	0 1 2 3 4 5 6
30	Ich brauche Ruhe, um meine Batterien aufzuladen.	0 1 2 3 4 5 6
31	Bei Argumenten kann ich beide Seiten gleich gut verstehen.	0 1 2 3 4 5 6
32	Ich bin anders.	0 1 2 3 4 5 6
33	Ich kann gut verhandeln.	0 1 2 3 4 5 6
34	Ich bin eher unorganisiert und oft überrascht, wie viel Zeit schon vergangen ist.	0 1 2 3 4 5 6
35	Ich kann gut Nein sagen.	0 1 2 3 4 5 6
36	Wenn ich den Sinn nicht verstehe, halte ich mich nicht dran.	0 1 2 3 4 5 6
37	Ich liebe es, mit anderen zu debattieren.	0 1 2 3 4 5 6
38	Ich versuche, einen objektiven Standpunkt einzunehmen.	0 1 2 3 4 5 6
39	Andere nennen mich einen «Workaholic».	0 1 2 3 4 5 6

40	Ich bin künstlerisch sehr begabt.	0 1 2 3 4 5 6
41	Ich leiste mir gern etwas, auch wenn es eigentlich meinen Rahmen sprengt.	0 1 2 3 4 5 6
42	In Krisen behalte ich einen kühlen Kopf.	0 1 2 3 4 5 6
43	Unperfektes kann ich kaum ertragen.	0 1 2 3 4 5 6
44	Ich lasse das Leben einfach auf mich zukommen.	0 1 2 3 4 5 6
45	Ich drücke Kompliziertes gern einfach aus.	0 1 2 3 4 5 6
46	Menschen schütten mir auch ungefragt ihr Herz aus.	0 1 2 3 4 5 6
47	Wissen ist Macht. Ich behalte es lieber für mich.	0 1 2 3 4 5 6
48	Ich spiele, um zu gewinnen.	0 1 2 3 4 5 6
49	Ich tausche mich gern und oft mit anderen aus.	0 1 2 3 4 5 6
50	Liefert mir das Leben Zitronen, mache ich Limonade daraus.	0 1 2 3 4 5 6
51	Was mir langweilig wird, gebe ich schnell auf.	0 1 2 3 4 5 6
52	Bei mir ist immer etwas los.	0 1 2 3 4 5 6

53	Ich stelle gern Pläne für die Zukunft auf, damit ich mich darauf einstellen kann.	0 1 2 3 4 5 6
54	Himmelhoch jauchzend und zu Tode betrübt – ich fühle die ganze Bandbreite.	0 1 2 3 4 5 6
55	Unabhängig zu sein, ist mir sehr wichtig.	0 1 2 3 4 5 6
56	Ich halte mit meinem Ärger nicht hinterm Berg.	0 1 2 3 4 5 6
57	Das Leben ist für mich ein großer Wettkampf.	0 1 2 3 4 5 6
58	Ich stöbere gern in Buchläden.	0 1 2 3 4 5 6
59	Ich habe einen sehr guten Blick für Design und Deko.	0 1 2 3 4 5 6
60	Ich schaue, dass es allen um mich herum gut geht.	0 1 2 3 4 5 6
61	Ich leide oft an Muskelverspannungen.	0 1 2 3 4 5 6
62	Ich schwimme gern gegen den Strom.	0 1 2 3 4 5 6
63	Ich fühle mich als Teil einer Gemeinschaft wohl.	0 1 2 3 4 5 6
64	Wenn ich die Natur betrachte, staune ich über die Schönheit des Lebens.	0 1 2 3 4 5 6
65	Andere fühlen sich klein und unbedeutend in meiner Gegenwart.	0 1 2 3 4 5 6

66	Ich bin recht sprunghaft, was meine Entscheidungen angeht.	0 1 2 3 4 5 6
67	Ich brauche mein eigenes kleines Refugium, wohin ich mich zurückziehen kann.	0 1 2 3 4 5 6
68	Ich merke, dass ich für andere sehr attraktiv bin.	0 1 2 3 4 5 6
69	In meinen Gedanken spielen sich oft schlimme Szenen ab.	0 1 2 3 4 5 6
70	Ich bleibe gern im Hintergrund.	0 1 2 3 4 5 6
71	Der Klügere gibt nach.	0 1 2 3 4 5 6
72	Die Zukunft ist voller wunderbarer Möglichkeiten, ich stelle mir viele davon vor.	0 1 2 3 4 5 6
73	Ich denke oft, dass ich nicht gut genug bin.	0 1 2 3 4 5 6
74	Ich habe sehr viele tolle Ideen, aber ich setze fast nichts davon um.	0 1 2 3 4 5 6
75	Manchmal habe ich dunkle Vorahnungen.	0 1 2 3 4 5 6
76	Ich kann mich gut anpassen, je nachdem, was gerade gefragt ist.	0 1 2 3 4 5 6
77	Ich brauche den Rückhalt einer Gruppe oder Gemeinschaft.	0 1 2 3 4 5 6
78	Ich genieße es, wenn andere meine Nähe suchen.	0 1 2 3 4 5 6

79	Ich helfe immer, wo Not am Mann ist.	0 1 2 3 4 5 6
80	Eine gute Atmosphäre zu Kollegen ist mir sehr wichtig.	0 1 2 3 4 5 6
81	Ich habe eine innere Sehnsucht, die mich treibt.	0 1 2 3 4 5 6
82	Mein Vertrauen muss man sich erst verdienen.	0 1 2 3 4 5 6
83	Wenn ich will, bekomme ich alles unter einen Hut.	0 1 2 3 4 5 6
84	Auch wenn ich mal keine Lust habe, mache ich das, was zu erledigen ist.	0 1 2 3 4 5 6
85	Wenn mich jemand kritisiert, nehme ich es sehr persönlich.	0 1 2 3 4 5 6
86	Ich habe viele Freunde.	0 1 2 3 4 5 6
87	Ich arbeite gern in einer großen Organisation.	0 1 2 3 4 5 6
88	Bevor ich einen Fehler mache, denke ich lieber nochmal drüber nach.	0 1 2 3 4 5 6
89	Ich bin selbst mein stärkster Kritiker.	0 1 2 3 4 5 6
90	Wenn jemand nur so tut, als ob, zeige ich ihm, dass ich ihn durchschaut habe.	0 1 2 3 4 5 6
91	Ich muss mich manchmal zurückziehen, sonst habe ich Angst, dass mir alles zu viel wird.	0 1 2 3 4 5 6

92	Ich wollte schon immer Schauspieler oder Künstler werden.	0 1 2 3 4 5 6
93	Ich schaue gern nach außergewöhnlichen Einrichtungsgegenständen oder Kleidung.	0 1 2 3 4 5 6
94	Leerlauf ist für mich vergeudete Zeit.	0 1 2 3 4 5 6
95	Ich mache mir oft Vorwürfe.	0 1 2 3 4 5 6
96	Ich setze mich für Benachteiligte ein.	0 1 2 3 4 5 6
97	Ich kann mich für viele unterschiedliche Themen begeistern.	0 1 2 3 4 5 6
98	Ich spüre sofort, wenn jemand ein Problem hat.	0 1 2 3 4 5 6
99	Ich bin ein Sonnenschein.	0 1 2 3 4 5 6
100	Ich bin mir der Zuneigung anderer oft nicht sicher.	0 1 2 3 4 5 6
101	Mir fällt es leicht, Strukturen und Abläufe zu erkennen.	0 1 2 3 4 5 6

16. Enneagramm-Typentest

Testauswertung

1. Bitte tragen Sie nun Ihren angekreuzten Punktwert zu der jeweiligen Frage in das weiße Feld in nachfolgender Tabelle ein.

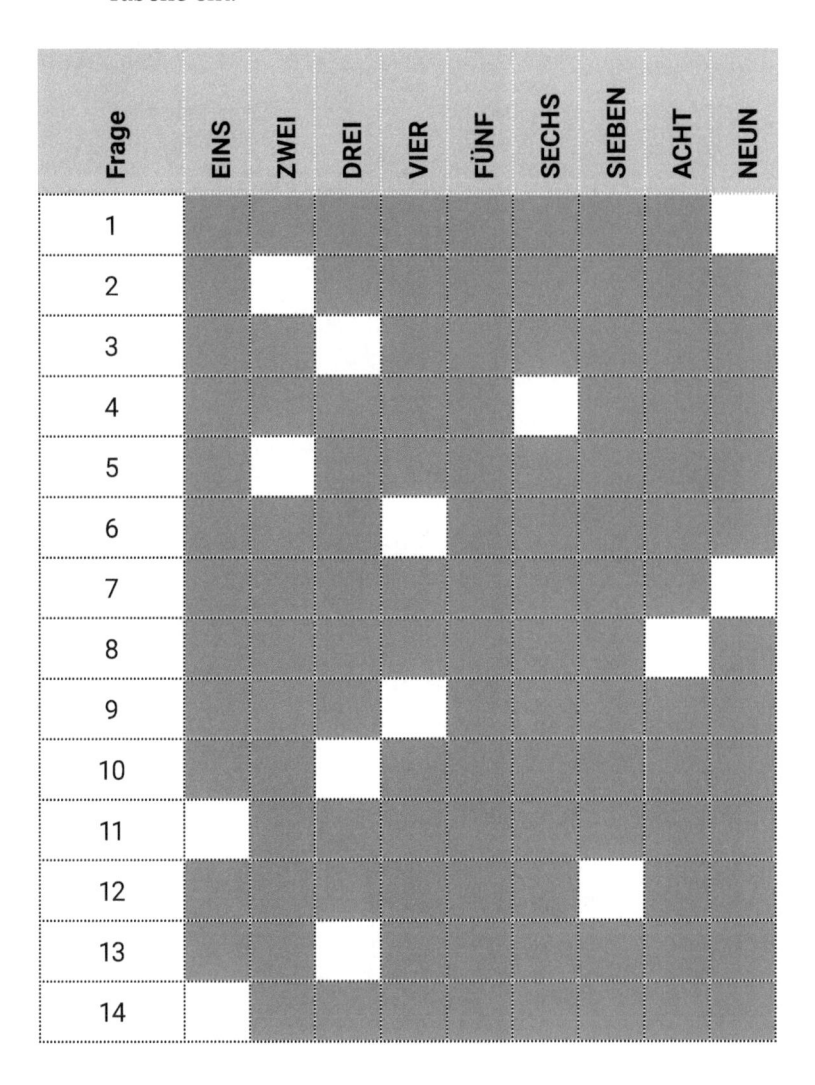

Frage	EINS	ZWEI	DREI	VIER	FÜNF	SECHS	SIEBEN	ACHT	NEUN
1									☐
2		☐							
3			☐						
4						☐			
5		☐							
6				☐					
7									☐
8								☐	
9				☐					
10			☐						
11	☐								
12							☐		
13									
14	☐								

Finanzielle Unabhängigkeit

Frage	EINS	ZWEI	DREI	VIER	FÜNF	SECHS	SIEBEN	ACHT	NEUN
15								X	
16	X								
17									X
18					X				
19		X							
20	X								
21			X						
22							X		
23	X								
24			X						
25			X						
26			X						
27						X			
28				X					
29				X					
30					X				
31					X				
32				X					

16. Enneagramm-Typentest

Frage	EINS	ZWEI	DREI	VIER	FÜNF	SECHS	SIEBEN	ACHT	NEUN
33								☐	
34									☐
35								☐	
36								☐	
37							☐		
38					☐				
39	☐		☐						
40				☐					
41							☐		
42					☐				
43	☐								
44									☐
45					☐				
46		☐							
47									☐
48								☐	
49		☐							
50							☐		

Finanzielle Unabhängigkeit

Frage	EINS	ZWEI	DREI	VIER	FÜNF	SECHS	SIEBEN	ACHT	NEUN
51							☐		
52							☐		
53						☐			
54				☐					
55								☐	
56								☐	
57			☐						
58						☐			
59					☐				
60		☐							
61	☐								
62				☐					
63						☐			☐
64							☐		☐
65								☐	
66						☐			
67					☐				
68			☐						

Frage	EINS	ZWEI	DREI	VIER	FÜNF	SECHS	SIEBEN	ACHT	NEUN
69					☐				
70									☐
71									☐
72							☐		
73				☐					
74					☐				
75						☐			
76			☐						
77					☐				
78		☐							
79		☐							
80									☐
81				☐					
82					☐				
83			☐						
84			☐						
85									☐
86				☐					
87						☐			

Finanzielle Unabhängigkeit

Frage	EINS	ZWEI	DREI	VIER	FÜNF	SECHS	SIEBEN	ACHT	NEUN
88					X	X			
89	X								
90								X	
91					X				
92				X					
93				X					
94	X						X		
95				X		X			
96		X						X	
97					X		X		
98		X							
99							X		
100		X			X				
101					X				
SUMME									
	EINS	ZWEI	DREI	VIER	FÜNF	SECHS	SIEBEN	ACHT	NEUN

2. Addieren Sie für jede Spalte die in den weißen Feldern eingetragenen Werte. Sie erhalten nun in jeder Spalte einen Wert.

3. Schauen Sie im Anschluss für jeden der neun Typen in folgender Tabelle nach, wo sich ihre Punktzahl befindet. Wenn Sie z. B. bei Typ 1 die Summe 64 erzielt haben, kreisen Sie die entsprechende Bandbreite ein und lesen Sie links den normierten Punktwert, hier im Beispiel «6» ab.

| Wert | Enneagrammtyp |||||||||
	EINS	ZWEI	DREI	VIER	FÜNF	SECHS	SIEBEN	ACHT	NEUN
0	0-25	0-32	0-20	0-18	0-35	0-17	0-31	0-21	0-30
1	26-31	33-37	21-26	19-25	36-41	18-24	32-36	22-27	31-36
2	32-37	38-43	27-31	26-31	42-46	25-30	37-41	28-33	37-41
3	38-42	44-48	32-36	32-38	47-51	31-37	42-46	34-39	42-47
4	43-48	49-53	37-41	39-44	52-56	38-43	47-50	40-45	48-52
5	49-54	54-59	42-47	45-51	57-62	44-50	51-56	46-52	53-58
6	55-60	60-65	48-52	52-58	63-67	51-57	57-61	53-58	59-63
7	61-66	66-71	53-58	59-64	68-72	58-64	62-66	59-64	64-68
8	67-72	72-76	59-63	65-71	73-77	65-70	67-71	65-71	69-74
9	73-90	77-90	64-90	72-90	78-90	71-90	72-90	72-90	75-90

4. Tragen Sie nun den normierten Punktwert in das folgende Schaubild ein. Je nachdem, bei welchem Enneagrammtyp Sie die höchste Ausprägung haben, umso wahrscheinlicher passt dieser Typ zu Ihrer Persönlichkeit.

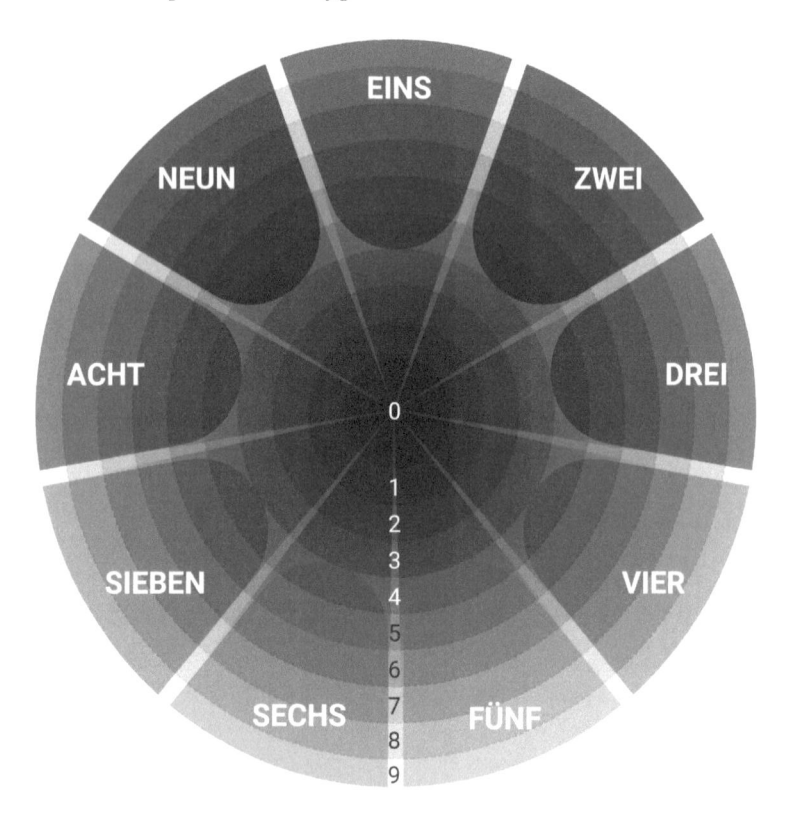

Abbildung 9: Bestimmung Enneagrammtyp

Anmerkung zum Test

Dieser Persönlichkeitstest ist wie alle anderen Tests ein Hilfsmittel für eine Annäherung. Es kann gut sein, dass Sie mehrere Typen für sich erkennen. Oft passiert es auch, dass über alle Typen sehr ähnliche Werte erzielt werden. Das liegt daran, dass Menschen sich manchmal nicht gern festlegen und alles für möglich halten. «Es kommt darauf an» ist das, was unterschwellig mitschwingt. Und ja, das ist natürlich grundsätzlich richtig. Wir sind nicht in allen Situationen gleich, und die Fragen in einem Test vereinfachen das Leben radikal. Nichtsdestotrotz geht es darum zu schauen, wie Sie in einem Großteil der Situationen reagieren und vor allem, wie Sie sich dabei fühlen.

Sehen Sie diesen Test als Indikation. Wenn Sie es ganz genau wissen möchten, empfehle ich Ihnen ein individuelles Enneagramm-Coaching. Im persönlichen Gespräch wird sich Ihr Typ für Sie sehr deutlich darstellen.

17.
Talente entdecken

Um sich weitere Einkommensquellen zu erschließen, ist es ratsam, sich zunächst eine Frage zu beantworten: «Worin bin ich besonders gut?» Die Wahrscheinlichkeit, dass Sie in dem, was Sie gut können, auch von anderen kurz- bis mittelfristig als Experte wahrgenommen werden, ist ziemlich hoch. In der folgenden Aufstellung bekommen Sie einige Anregungen. Schauen Sie die Liste durch und kreuzen Sie die Talente an, die für Sie gut passen.

Bitte ankreuzen	Ihre Talente	Bitte ankreuzen	Ihre Talente
O	Mit älteren Menschen arbeiten	O	Vision entwickeln
O	Mit Kindern arbeiten	O	Vision ausmalen
O	Jemandem etwas beibringen	O	Sprachliches Ausdrucksvermögen
O	Sportlich	O	Sinn für Dringlichkeit
O	Kreativ	O	Plan aufstellen können
O	Malen	O	Mit Unsicherheit umgehen können
O	Zeichnen	O	Geld behalten und anlegen
O	Singen	O	Geld «machen»
O	Schauspielern	O	Ehrlichkeit
O	Instrument spielen	O	Gerechtigkeitsliebend
O	Präsentieren	O	«Nein» sagen können
O	Menschen anleiten	O	Auf Vorteile konzentrieren können
O	Komplexe Sachverhalte durchdringen	O	Beziehungen aufbauen

Bitte ankreuzen	Ihre Talente	Bitte ankreuzen	Ihre Talente
○	Details erkennen	○	Menschenkenntnis
○	Gutes Zahlengefühl	○	Beziehungen pflegen
○	Kopfrechnen	○	Freundschaften pflegen
○	Auswendig lernen	○	Sinn für Verantwortung
○	Videos drehen/erstellen	○	Körperliche Gesundheit
○	Texte verfassen	○	Mit Frust fertig werden
○	Rechtschreibung	○	Andere heilen
○	Hohe Auffassungsgabe	○	Leistungsbewusstsein
○	Schnell lesen	○	Freiheitsliebe
○	Verschiedene Sprachen sprechen/verstehen	○	Glaube an sich selbst
○	Andere begeistern	○	Glaube an andere
○	Muster erkennen	○	Anderen vertrauen können
○	Hohe Konzentrationsfähigkeit	○	Sich selbst vertrauen können
○	Spontaneität	○	Glaube an die Zukunft
○	Menschen zum Lachen bringen	○	Kontaktfreudigkeit
○	Gut zuhören können	○	Gut mit Tieren umgehen können
○	Technisches Verständnis	○	Zeitmanagement
○	Handwerkliches Geschick	○	Komponieren
○	Garten gestalten	○	Mit geistig oder körperlich behinderten Menschen arbeiten

17. Talente entdecken

Bitte ankreuzen	Ihre Talente	Bitte ankreuzen	Ihre Talente
○	Pflanzen anbauen	○	Sterbebegleitung
○	Modellbau	○	Erfinden
○	Fehler erkennen	○	Zuverlässigkeit
○	Prozesse aufsetzen	○	Tun, was nötig ist
○	Verbesserungsmöglichkeiten entdecken	○	Sich mit anderen freuen können
○	Blick für gutes Design	○	Fehler zugeben können
○	Gewissenhaftes Arbeiten	○	Innerer Frieden
○	Hilfsbereitschaft	○	Dichtung & Poesie
○	Gelassenheit	○	Zufriedenheit
○	Gut mit Konflikten umgehen können	○	Lustvoll
○	Wissbegierig	○	Frei von der Meinung anderer sein
○	Tanzen	○	Genießen
○	Analysieren	○	Gefühle annehmen können
○	Logisch denken	○	Dankbarkeit
○	Priorisieren können	○	Allein sein können
○	Schöpferische Arbeit	○	Wohlstandsbewusstsein
○	Intuition	○	Allein sein können
○	Schnelle Entscheidungen treffen können	○	Konstruktionstalent
○	Gut verhandeln können	○	Fairness

Bitte ankreuzen	Ihre Talente	Bitte ankreuzen	Ihre Talente
○	Delegieren können	○	In der Not helfen
○	Humor	○	Großzügigkeit
○	Intelligenz	○	Gegensätze akzeptieren
○	Geschäftssinn	○	Hilfreich sein
○	Charisma	○	Erfolgreich sein
○	Resilienz	○	Gutes Kurzzeitgedächtnis
○	Mut	○	Fotografisches Gedächtnis
○	Gutes Auftreten	○	Guter Orientierungssinn
○	Fragen stellen	○	Loyalität
○	Interesse an anderen Menschen	○	Menschen gut beurteilen können
○	Probleme lösen	○	Ausdauer
○	Chancen erkennen	○	Geduld
○	Bereit sein, zu lernen und zu wachsen	○	Feingefühl
○	Auf sich selbst achtgeben	○	Kochen
○	Informationen verarbeiten	○	Reinigen, Sinn für Ordnung
○	Positiv sein	○	Tierliebe

Fehlt noch etwas? Ergänzen Sie es gerne:

....

....

....

Nun schauen Sie auf das Gesamtbild. Haben Sie viel markiert? Vielleicht sind Sie überrascht, wie viele Talente Sie bei sich erkannt haben. Hätten Sie das erwartet?

Nun gehen Sie Ihre markierten Talente durch und entscheiden Sie sich für Ihre TOP 10 Talente. Notieren Sie diese hier:

1. ....

2. ....

3. ....

4. ....

5. ....

6. ....

7. ....

8. ....

9. ....

10. ....

Anschließend übertragen Sie von Ihrer Auswahl Ihre TOP 3 Talente auf die folgenden Zeilen:

1. ....

2. ....

3. ....

Diese TOP 3 Talente sind die Fähigkeiten, die Ihren individuellen Gaben am nächsten kommen. Dadurch fällt es Ihnen leicht diese einzusetzen.

Wählen Sie von den TOP 3 Talenten eines aus, mit dem Sie ab morgen ein zusätzliches Einkommen generieren werden:

....

Kommen Sie ins Tun! Schreiben Sie nun eine erste Idee auf, wie Sie dieses Talent einsetzen können:

....

....

....

....

....

....

....

18. Danksagung

Ich habe schon seit Jahren mit dem Gedanken gespielt, ein Buch zu schreiben. Zunächst war es ein diffuser Gedanke, verschiedene Themen kamen mir in den Sinn. Ein richtiges Konzept hatte ich für mich aber noch nicht gefunden. Welche Botschaft möchte ich in die Welt tragen? Was können andere von meinem Wissen, meinen Erfahrungen lernen? Solange mir diese Klarheit fehlte, blieb das Buchprojekt ein Traum, der immer wieder dem Alltag und den vielen anderen Themen gewichen ist.

Nun halten Sie dieses Buch in den Händen, und ich danke zunächst einmal Ihnen, dass Sie dieses Buch gekauft haben. Es bedeutet mir wirklich viel, und ich hoffe, dass Sie etwas über sich und Ihren Zugang zu Wohlstand mitnehmen konnten. Ich freue mich über Stimmen meiner Leserschaft und beantworte gern Fragen, die Ihnen beim Lesen vielleicht noch gekommen sind. Nehmen Sie gern Kontakt mit mir auf: romina.kraft@kraft-coaching-center.com

Was hat sich geändert, dass ich doch mein Buch geschrieben habe? Tatsächlich lässt es sich für mich auf den Punkt «Klarheit» zurückführen. Diese Klarheit habe ich im Wesentlichen durch die Coaching-Ausbildung bei *Greator* erhalten. Besser gesagt, durch die Ausbildung habe ich die Klarheit in mir gefunden. Ich danke Walter und Christina Hommelsheim, die mich mit dem gesamten *Greator*-Coach-Team wunderbar bei meiner Persönlichkeitsentwicklung unterstützt haben.

Neben Klarheit brauchte es aber auch Zeit. Zeit zum Nachdenken, zum Schreiben, zum Löschen, wieder zum Nachdenken und Neuschreiben. Als berufstätige Ehefrau mit zwei kleineren Kindern, Haus und Garten ist Zeit etwas, was ich eigentlich nicht übrig hatte. Da es mein Herzensprojekt war, kreisten meine Gedanken aber immer wieder um das Buch. Mein Buch. Ich danke daher an dieser Stelle meiner Familie, die sich in der Zeit des Schreibens in Verzicht üben musste. Ich danke besonders meinem Mann Jens, der so oft schnell eingesprungen ist, wenn mir gerade noch ein zündender Gedanke kam, den ich unbedingt noch aufschreiben wollte, auf der anderen Seite aber eins der Kinder ganz dringend etwas brauchte. Ohne das Verständnis meiner Familie, wäre das Buch wahrscheinlich niemals fertig geworden. Dazu hat mir mein Mann viele Impulse gegeben und oft kritisch hinterfragt. Vielen Dank dafür.

Ich danke meinen fleißigen Lektoren, meinem Bruder Christopher Lundszien und meinem Vater, James-Herbert Lundszien. Durch ihren scharfen Blick und kritisches Hinterfragen von Formulierungen konnte das Buch deutlich an Qualität gewinnen. Für die Extrameile, die beide zusätzlich zu ihren eigentlichen Berufen gegangen sind, möchte ich mich sehr, sehr herzlich bedanken. Besonderer Dank gilt meiner Mutter Margit Lundszien. Sie ist mir jederzeit ein guter Ratgeber und erinnert mich immer wieder daran, auch mal eine Pause einzulegen und auf mich zu achten.

Ich danke dem Team vom Remote Verlag für das entgegengebrachte Vertrauen und die Begleitung meines ersten Buchs. Das erste ist ja immer etwas Besonderes. Sie haben mich von Anfang an begleitet und sich mit mir ausgetauscht.

Literaturnachweis

Clason, George S., Der reichste Mann von Babylon, Goldmann Verlag, 22. Auflage 2002

Cron, Ian Morgan und Stabile, Suzanne, Wer du bist – Mit dem Enneagramm sich selbst und andere besser verstehen, Gerth Medien, 3. Auflage 2020

Gallen, Maria-Anne und Neidhardt, Hans, Das Enneagramm unserer Beziehungen, Rowohlt Taschenbuch-Verlag, 17. Auflage 2020

Riso, Don Richard and Hudson, Russ, The Wisdom of the Enneagram, Bantam Verlag, 1999

Rohr, Richard und Ebert, Andreas, Das Enneagramm – Die 9 Gesichter der Seele, Claudius Verlag, 49. Pbck.-Auflage 2019

Schäfer, Bodo, Der Weg zur finanziellen Freiheit, dtv, 11. Auflage 2020

Skarics, Dr. Marianne, Enneagramm und Hochsensibilität, Franzius Verlag, 2. Auflage 2020

https://www.vermoegenmagazin.de/mike-tyson-vermoegen/; zuletzt aufgerufen 12.11.2021, 17:14 Uhr

https://www.geometrien.de/yin-und-yang/ ; zuletzt aufgerufen 12.11.2021, 17:34 Uhr

https://www.economist.com/finance-and-economics/1997/10/23/unloved ; zuletzt aufgerufen 12.11.2021, 17:44 Uhr

Endnoten

S. 14: [1] Gallen, M. und Neidhardt, H., Das Enneagramm unserer Beziehungen, Rowohlt Taschenbuch-Verlag, 17. Auflage 2020w

S. 22: [2] Riso, Don Richard and Hudson, Russ, The Wisdom of the Enneagram, Bantam Verlag, 1999

S. 32: [3] www.katholisch.de

S. 32: [4] Hawkins, David R., Die Ebenen des Bewusstseins, VAK, 2014

S. 34: [5] Riso, D. R. und Hudson, R., Die Weisheit des Enneagramms

S. 46: [6] Maslow, A., (posthum 1971), The Farther Reaches of Human Nature

S. 50: [7] www.enneagraminstitute.com

S. 56: [8] Schäfer, Bodo, Der Weg zur finanziellen Freiheit, dtv Verlag, 11. Auflage 2020

S. 87: [9] https://www.blackenterprise.com/whoopi-goldberg-opens-important-money-lessons/ , letzter Aufruf, 01.12.2021

S. 90: [10] Fokus TV Reportage Focus

Abbildungsverzeichnis

Abbildung 1: Eigene Erstellung, eigene Rechte, S. 19

Abbildung 2: Eigene Erstellung, eigene Rechte, S. 20

Abbildung 3: Eigene Erstellung, eigene Rechte, S. 28

Abbildung 4: Eigene Erstellung, eigene Rechte, S. 34

Abbildung 5: Eigene Erstellung, eigene Rechte, S. 42

Abbildung 6: Gekauft über Canva Pro-Zugang und angepasst, S. 47

Abbildung 7: Eigene Erstellung, eigene Rechte, S. 66

Abbildung 8: Internetquelle, angegeben in Literaturverzeichnis, S. 84

Abbildung 9: Eigene Erstellung, eigene Rechte, S. 212

Tabellen: Eigene Erstellung, eigene Rechte, S. 180 – 181; S. 184 – 185

Tabellen: Eigene Erstellung, in Anlehnung an R. Rohr, Das Enneagramm, Die 9 Gesichter der Seele, S. 197 – 204; S. 205 – 210; S. 211

Entdecke weitere Bücher in unserem Online-Shop

www.remote-verlag.de

Finde deinen Ratgeber!

Remote Verlag

Printed in Poland
by Amazon Fulfillment
Poland Sp. z o.o., Wrocław